# Unterschwellig

Christian Gerhard Bogner

# Unterschwellig

Und es wird geschehen: Alle lebendigen Wesen,

alles, was sich dort tummelt, wohin diese fließenden

Wasser kommen, das wird leben.

Hesekiel 47,9a

ISBN: 978-3-7597-1406-0

Verlag: BoD · Books on Demand GmbH, Überseering 33,
22297 Hamburg, bod@bod.de
Druck: Libri Plureos GmbH, Friedensallee 273, 22763 Hamburg

Bibliografische Information der Deutschen Nationalbibliothek:
Die Deutsche Nationalbibliothek verzeichnet diese Publikation in der
Deutschen Nationalbibliografie; detaillierte bibliografische Daten
sind im Internet über dnb.dnb.de abrufbar.

Dieses Buch widme ich allen Menschen, die tiefer in Gottes Liebe eintauchen möchten, um ihn immer besser kennenzulernen.

Du wirst sein wie ein wohlbewässerter

Garten und wie eine Wasserquelle,

deren Wasser niemals versiegen.

Jesaja 58,11

# Inhaltsverzeichnis

# Vorwort

Der Buchtitel „Unterschwellig" bedeutet so viel wie „unbemerkt, nicht sichtbar". Da etwas nicht offenbar ist, kann man meinen, es ist nicht wirksam. Das ist es aber ganz und gar nicht! Es bedeutet viel mehr, dass etwas schlummert und fast unbemerkt ist, aber wirkt! Dieses Buch ist für Christen gedacht, die mehr erleben möchten, die sich tiefer nach Gottes Liebe ausstrecken möchten, gerade auch in ihrem Alltag. Für solche, die sich fragen: „Wie möchte Gott mich für seine Pläne gebrauchen? Aber genauso ist es für Menschen, die noch auf der Suche sind: und sich fragen: „Was hat es eigentlich mit dem christlichen Glauben auf sich?" Da wir bei Gott alle gleich sind, schreibe ich dieses Buch in der Du-Form. Es soll weder respektlos noch flapsig sein, ganz im Gegenteil! Es ist auf Augenhöhe geschrieben, denn vor Gott sind wir alle gleich. Gott möchte durch dich wirken! In der Bibel gibt es dazu eine Vision, in der Wasser unter der Tür-schwelle eines Hauses hervortritt, wie es immer mehr steigt und schließlich zu einem reißenden Fluss wird, der ins Meer mündet.

Ich möchte dich durch die verschiedenen Kapitel dieses Buches dazu inspirieren, den Fragen nachzugehen, die beim Lesen zwangsläufig entstehen werden. Ja, es ergeben sich Fragen, die auch Fragen bleiben werden! Wir betrachten bestimmte Bereiche in diesem Buch. In den ersten beiden Kapiteln geht es um unser Herz und darum, wann und wo werfen wir unsere Netze aus. Danach um den Heiligen Geist. Wir hören dann davon, was wir für einen kreativen Schöpfer haben. Wir beschäftigen uns mit schweren Zeiten in unserem Leben und die Chance eines Neuanfangs. Zum Ende hin folgen dann zwei Kapitel, in denen ich mir die Fragen gestellt habe:

" Wie geht Gott uns eigentlich nach und was hat er in unser Herz gelegt?" Ganz unterschwellig werden dich dieses Buch und das Wort Gottes mit deinem Leben konfrontieren. Am Ende des Buches kommt dann der Bereich der Fragen. Die Fragen zur Vertiefung! Es gibt für jedes Kapitel dieses Buches einige Fragen. Du kannst sie alleine für dich beantworten oder gemeinsam mit anderen in deinem Hauskreis, in deiner Kleingruppe oder sie generell mit anderen Menschen bewegen.

Wichtig ist nur, dass du die offenen Fragen mit in dein eigenes Leben nimmst und dass du sie gemeinsam mit

Gott bewegst. Lass einfach alles los und lass es zu, dass Gott deine kleine menschliche Kraft nutzt, um ungeahnte Dinge durch dich zu bewirken. Bist du bereit dazu?

Viel Freude mit diesem kleinen Buch!

**Ein reines Herz**

Ich schreibe die ersten Zeilen dieses Buchs in einem Flugzeug. Wir befinden uns auf dem Weg von Deutschland nach Schottland. Ich liebe dieses Land, ich liebe Schottland. Gott hat es mir in mein Herz gelegt.

**Erschaffe mir, o Gott, ein reines Herz,**

**und gib mir von neuem einen festen Geist**

**in meinem Innern!**

**Psalm 51,12**

In diesem Bibelvers betete David zu Gott, dass er ihm doch ein reines Herz schaffen soll. Ich denke bei mir: Ja, Herr, schenke du mir auch ein reines Herz!

Ein reines Herz, was dir gefällt und das dich ständig sucht! Mir fallen plötzlich all die Dinge in meinem Leben ein, bei denen alles schieflief, ich Menschen verletzt habe oder sie mich. Mein Herz schreit vor dem Start des Flugzeuges so laut … Tränen schießen mir in die Augen. Das Flugzeug beschleunigt und hebt vom Boden ab. Es ist ein dunkler, regnerischer Tag in Deutschland. In Schottland haben sie übrigens auch nur Regen angesagt in der Zeit, in der ich da sein möchte. „Jesus! Nimm du mein ganzes Leben und lass mich endlich damit aufhören, es selber lenken zu wollen. Nimm du es, und zeige mir doch konkret deinen Plan für mein Leben. Lass mich in deinen Plan kommen und in meiner Verheißung leben!" Das Flugzeug nimmt nun richtig Fahrt auf und hebt von der Landebahn ab. Innerhalb weniger Minuten sind wir schon über den Wolken. In einem Lied von Reinhard Mey heißt es doch: „Über den Wolken, muss die Freiheit wohl grenzenlos sein!" Ja, über den Wolken scheint plötzlich die Sonne sehr stark. Ich muss an einen Adler denken, der den Aufwind nutzt und sich in die Höhe tragen lässt, mehrere hunderte Meter, dahin wo keine Gefahr ist. Wo er einfach das tun kann, wozu er erschaffen ist.

Er breitet seine starken, kräftigen Flügel aus und lässt sich treiben.

**... aber die auf den HERRN harren,**

**kriegen neue Kraft,**

**dass sie auffahren mit Flügeln wie Adler,**

**dass sie laufen und nicht matt werden,**

**dass sie wandeln und nicht müde werden.**

**Jesaja 40,31**

Das Einzige, was zwischen uns und der Sonne steht, sind die Wolken. Was steht denn zwischen mir und Gott, um ein reines Herz zu haben, um ein Mensch nach seinem Herzen zu sein?

Ist es die Sünde, oder sind es die Versuchungen, die uns trennen, um ein reines Herz zu bekommen?

**Was ist eigentlich ein reines Herz?**

Folgende Worte stammen vom Propheten Nathan, als er den König David besuchte, um ihm diese Geschichte zu erzählen:

**Da sprach Nathan zu David: Du bist der Mann! So**

**spricht der HERR, der Gott Israels:**

**Ich habe dich zum König über Israel gesalbt,**

**und ich habe dich aus der Hand Sauls errettet.**

**2. Samuel 12,7**

In einer Stadt lebten zwei Männer. Der eine Mann war sehr reich, der andere Mann war sehr arm. Der Reiche besaß viele Herden von Rindern und Schafen. Der arme Mann hatte nur ein einziges kleines Lamm. Es wuchs bei ihm und seiner Familie auf, trank aus seinem Becher, aß sein Brot und schlief bei ihm. Es war wie ein Kind für ihn. Doch eines Tages kam ein Wanderer in diese Stadt. Er besuchte den reichen Mann, und der reiche Mann wollte ihm etwas zu Essen zubereiten. Er wollte keines seiner vielen Tiere schlachten und so nahm er das kleine Lamm des armen Mannes, schlachtete es und servierte es dem Wanderer. Da wurde David sehr zornig und sagte: „Dieser Mann muss sterben! Er hatte kein Erbarmen mit dem armen Mann, und für das Lämmlein  muss er nun vierfältig bezahlen!"

**Da klärte Nathan David auf und sagte ihm:**

**„Du bist der Mann …"**

Kennst du das vielleicht aus deinem Leben? Du denkst, du bist im Recht. Nicht nur ein bisschen. Nein, zu 100 Prozent. Plötzlich erzählt jemand eine Geschichte, ein Gleichnis. Ein Gleichnis ist eine Geschichte mit einer tieferen Bedeutung. Wie auch hier. Gott sandte Nathan zu David, um ihn zur Erkenntnis seines Unrechts und zur Umkehr zu bringen. Als David diese Ungerechtigkeit in der Geschichte erkennt, will er Gerechtigkeit! Er will Gerechtigkeit für den armen Mann. Gerechtigkeit für andere einzufordern ist menschlich. Gilt das auch für uns? Gilt das auch für dich persönlich? Gilt dieses Empfinden für Gerechtigkeit auch für unsere eigenen Taten in unserem Leben, ob absichtlich oder unabsichtlich? Gott lässt David durch Nathan mitteilen: „Ich habe dich doch zum König über Israel gesalbt, und ich habe dich aus der Hand deines Feindes Sauls errettet." Gott sagt ihm damit eigentlich: Warum erinnerst du dich nicht mehr an alles, was ich Gutes in deinem Leben getan habe?

Du bist zornig geworden wegen des Lammes des armen Mannes und über dein Verhalten. Sollte ich darüber nicht auch zornig sein?

Der Hintergrund war folgender: David hatte Ehebruch begangen mit einer Frau, namens Bathseba. Sie wurde schwanger, und David versuchte alles, um das Ganze zu vertuschen. Urija war einer von Davids Soldaten. David war listig, nutzte seine Macht aus. Er tat alles, damit Urija bei seiner Frau bleiben und mit ihr schlafen würde. Er gab ihm Heimaturlaub, aber es gelang nicht. Urija blieb seinem König und den Kameraden treu. Er übernachtete nicht bei seiner Frau Bathseba. David lud Urija sogar zu sich ein und wollte ihn mit Wein betrunken machen. Schließlich ließ er ihn an die vorderste Front in den Krieg stellen. Urija starb und David heiratete Bathseba. Diese Geschichte, die Nathan erzählt, überführt David, und er versteht es und tut Buße. Gott vergibt ihm. Jedoch muss David die Konsequenzen für seine Tat tragen; das Kind stirbt. David betet und fastet, damit Gott sich umstimmen lässt … Aber Gott bleibt dabei: Das Kind stirbt! Gott ist gnädig, aber auch gerecht, und David muss die Konsequenzen tragen! Er betet:

**Erschaffe mir, o Gott, ein reines Herz,**

**und gib mir von neuem einen festen Geist**

**in meinem Innern!**

**Psalm 51,12**

Erkennst du den tiefen Sinn, die Botschaft, die Gott uns mitteilen möchte durch diese Bibelstellen aus dem Buch 2. Samuel? Gott überführt David durch eine Geschichte, Gott redet auch durch Bilder. Gibt es in deinem Leben eine Ungerechtigkeit, die dir widerfahren ist oder die du verübt hast? Wie gehst du damit um? Hast du deinem Gegenüber vergeben? Und genauso wichtig: Hast du dir vergeben? Gott ist treu und gerecht. Aus lauter Gnade hat er uns zu sich gezogen aber trotz allem gibt es auch Konsequenzen in unserem Leben, die wir tragen müssen. Was ist es bei dir? Was ist es persönlich in deinem Leben? Gott möchte mit dir darüber reden, und er weiß ja schon alles! Er möchte, dass wir zu ihm kommen und unser Herz ausschütten wie ein Kind. Voller Vertrauen!

Zurück zu David: Trotz allem was passiert ist .... Gott sagt über David, dass er ein Mann nach seinem Herzen ist!

**... nun aber wird dein Königtum keinen**

**Bestand haben. Der HERR hat sich einen Mann nach**

**seinem Herzen ausgesucht;**

**dem hat der HERR geboten,**

**über sein Volk Fürst zu sein,**

**weil du nicht gehalten hast,**

**was dir der HERR gebot!**

**1. Samuel 13,14**

Der Prophet Samuel ging Saul entgegen und teilte ihm diese Botschaft Gottes mit. Wie traurig ist die Geschichte von Saul. Aber was für eine Zusage für David! Ob er vielleicht dachte: Herr, das kann ich doch nicht annehmen, und das nach allem, was ich verbockt habe! Vielleicht hatte er kurz solche Gedanken, dann aber ist klar, dass Gott eine Verheißung über sein Leben ausgesprochen hat. Gottes Verheißungen stehen immer über unseren Gefühlen. Sie sind wie ein Anker in unserer Zeit.

Wie ein festes Fundament, auch wenn alles um uns herum wackelt und einzustürzen droht. David hatte alles von Gott bekommen, was er sich nicht hätte vorstellen können geschweige zu träumen gewagt hätte. Er wuchs als jüngstes Kind von Isai und seiner Frau auf. Er war dazu bestimmt, die Schafe der Eltern auf der Weide zu hüten. Ich weiß nicht, ob er glücklich darüber war oder eher unglücklich. Auf jeden Fall übte er treu seine Aufgabe oder besser gesagt, seinen Dienst aus. David war verbindlich in dem, was er tat. Er übernahm Verantwortung für den Bereich, der ihm übertragen wurde.

**Verbirg dein Angesicht vor meinen Sünden
und tilge alle meine Missetaten!
Erschaffe mir, o Gott, ein reines Herz,
und gib mir von neuem einen festen Geist
in meinem Innern! Verwirf mich nicht
von deinem Angesicht, und nimm deinen
heiligen Geist nicht von mir.
Psalm 51,12**

Das hier war Davids Gebet. Und was tun wir?

Erkennen wir denn erst unsere eigenen Verfehlungen, wenn ein Prophet Gottes zu uns spricht? Im Alten Testament sprach Gott durch ausgesuchte Propheten zu den Menschen. David hatte jedoch den Heiligen Geist auf sich. Wenn du Jesus als deinen Herrn in dein Herz gelassen hast, dann lebt der Heilige Geist in dir! Es ist doch manchmal so offensichtlich, wenn wir etwas Falsches gemacht haben. Wir wollen es dann irgendwie selber klären. Das schafft eine innere Unruhe, die uns sogar den inneren Frieden rauben kann. Was ist denn unser Baby, das sterben muss? Das Baby steht hier für das Ergebnis der Sünde. Leben wir in Sünde und tun Buße von ganzen Herzen und kehren zu Gott um: Was ist dann mit den Verheißungen, die Gott über uns ausgesprochen hat? Sind sie gestorben? Sind sie also weg, wie das Baby von David? Wir sind doch umgekehrt, aber was ist dann mit unseren Verheißungen? Ich bin der Meinung, dass Gottes Verheißung nach Buße und Umkehr noch kraftvoller und sichtbarer in Deinem Leben sein werden! Gott sieht unser Herz. Er sah auch Davids Herz. Er macht uns stark im Zerbruch. Warum ist das eigentlich so? Wir erkennen, dass unsere eigenen Wege gescheitert sind, dass sie keine gute Frucht gebracht haben. Diese Erkenntnis führt zur Buße. Der nächste Schritt ist, dass wir Gott suchen wie vielleicht nie zuvor. In diesen Zeiten nimmt er uns an die Hand. Bei David lesen wir nichts davon, dass er es schwer hatte, Gottes Urteil zu akzeptieren oder dass er mit seiner Schwachheit kämpfte. War er so stark oder bewirkte das der Heilige Geist? Es heißt doch: „Er schenkt uns neben dem Wollen auch das Vollbringen."

**Wenn wir aber unsere Sünden bekennen,**

**so ist er treu und gerecht,**

**dass er uns die Sünden vergibt und uns reinigt von al-**

**ler Ungerechtigkeit.**

**1.Johannes,9**

Der Prophet Micha im Alten Testament

sagt folgendes:

**Wer ist ein Gott wie du, der die Sünde vergibt**

**und dem Überrest seines Erbteils**

**die Übertretung erlässt,**

**der seinen Zorn nicht allezeit festhält,**

**sondern Lust an der Gnade hat?**

**Er wird sich wieder über uns erbarmen,**

**unsere Missetaten bezwingen.**

**Ja, du wirst alle ihre Sünden**

**in die Tiefe des Meeres werfen!**

**Micha 7,18-19**

Micha spricht diese Zusagen den Nachkommen von Abraham und Isaak aus. Durch den Tod von Jesus am Kreuz sind wir frei durch sein Blut, der Weg zum Vater ist nun frei! Wir sind daher eingepfropft in den edlen Öl-baum, was bedeutet: In das Volk Israel. Aus diesem Grund gilt diese Zusage auch für uns!

# Der Fischfang

Wie sieht gerade dein Leben aus? Wie fühlt es sich an? Stell dir vor, du wärst ein Fischer und hättest ein kleines Boot. Jede Nacht fährst du aufs Meer hinaus, um zu fischen. Der Fang der Fische ist dein Lebensunterhalt, deine Existenz. Du hast gute Nächte, in denen es reicht um deine Rechnungen zu bezahlen und um deine Familie zu ernähren. Dann gibt es aber auch Nächte, in denen du wenig fängst. Manchmal bleiben deine Netze sogar leer. Was stellst du an, um mehr Fische zu fangen? Holst du dir vielleicht bessere Köder, um die Fische anzulocken? Fährst du andere Stellen im Meer ab? Vielleicht sehr weit weg von zuhause? Hast du ein Motorboot? Dann werden die Benzinpreise deinen Gewinn aus dem Fischfang reduzieren. Ein Segelschiff ist günstiger, denkst du dir... Ich muss die Kosten reduzieren, damit ich meinen Ertrag steigern kann. Du machst und tust und überlegst: Was kann ich machen? Was kann ich verbessern? In diesen Überlegungen bist du schon so eingefahren, alles aus eigener Kraft schaffen zu müssen, dass es mühsam, anstrengend und schließlich sehr frustrierend wird. Diese

Situation haben auch zwei Brüder vor ca. 2000 Jahren erlebt. Außer der Tatsache, dass es Motorboote damals noch nicht gab. Ihre Namen waren Simon und Andreas. Sie waren Fischer, Profis in ihrem Job. Aber sie stießen an ihre Grenzen. Sie hatten eine Nacht, die wieder einmal sehr frustrierend war. Sie lagen mit ihrem Boot am Ufer, waren ausgestiegen und wuschen ihre Fischernetze. „Wie soll es nur weitergehen", dachten sie sich wahrscheinlich. „Wir haben die ganze Nacht gefischt und nichts gefangen", sagte Simon. An diesem Morgen war aber etwas anders." Wo kamen denn die ganzen Menschen plötzlich her? Was wollten sie hier am Strand"? Dieser Morgen sollte ihr ganzes Leben verändern. Sie ahnten nichts davon, es geschah ganz unterschwellig. Die Menschen, die am Ufer waren, wollten alle Jesus hören. Sie wollten das Wort Gottes hören. Sie hatten von ihm erfahren und waren vielleicht  Zeugen davon, wie er bereits einen Jungen befreite, der den Geist eines unreinen Dämons in sich hatte. Vielleicht hatten sie die Hoffnung, dass dieser Mann die ganzen Sorgen und Lasten ihres Lebens wegnehmen könnte. Die Menschenmenge drängte sich um Jesus, dieser sah zwei Boote am Ufer liegen: Das eine Boot gehörte den beiden Brüdern, Simon und Andreas.

Jesus kam auf Simon zu und  fragte ihn, ob er ein wenig weiter vom Land ins Wasser fahren könnte mit seinem Boot. Simon willigte ein und fuhr das Boot ins Wasser. Jesus setzte sich und lehrte die Volksmenge vom Schiff aus.

**Als er aber zu reden aufgehört hatte,**

**sprach er zu Simon:**

**Fahre hinaus auf die Tiefe,**

**und lasst eure Netze zu einem Fang hinunter!**

**Und Simon antwortete und sprach zu ihm:**

**Meister, wir haben die ganze Nacht**

**hindurchgearbeitet und nichts gefangen;**

**aber auf dein Wort will ich das Netz auswerfen!**

**Lukas 5,4-5**

*„Aber auf dein Wort will ich das Netz auswerfen!"* so antwortete Simon auf die Aufforderung von Jesus. Simon und Andreas waren doch Fischerprofis und sie wussten, dass sie einen guten Job machen. Wie hättest du reagiert? Du machst gute Arbeit, der Erfolg bleibt aber aus, und dann kommt da jemand, der sich nicht auskennt in

deinem Bereich und sagt:" Mach es doch anders." Ich weiß schon was ich hier tue! Immer diese Besserwisser! Oder was hättest du gedacht? Simon spürte aber, dass heute etwas anders war. Er sagte: Okay, auf dein Wort will ich es probieren!" Welche Alternative hatte er denn auch? Er wäre frustriert und resigniert nachhause gegangen und hätte seiner Frau sagen müssen, dass er heute auch nichts gefangen hat. Ich bin aber tief davon überzeugt, dass er in seinem Herzen gespürt hat, dass dieser Jesus ihm heute helfen wollte. Sein ganzes Ego ließ er beiseite.

**Und als sie das getan hatten,**

**fingen sie eine große Menge Fische;**

**und ihr Netz begann zu reißen.**

**Da winkten sie den Gefährten,**

**die im anderen Schiff waren,**

**dass sie kommen und ihnen helfen sollten;**

**und sie kamen und füllten beide Schiffe,**

**sodass sie zu sinken begannen.**

**Lukas 5,6-7**

Simon verstand die Welt nicht mehr. All sein Wissen, seine ganzen Erfahrungen in seinem  Job, sein sich Sorgen machen über die Zukunft, alles war Zeitverschwendung gewesen. In einem Moment hatte sich alles geändert!

**Als aber Simon Petrus das sah,**
**fiel er zu den Knien Jesu nieder und sprach:**
**Herr, gehe von mir hinweg,**
**denn ich bin ein sündiger Mensch!**
**Denn ein Schrecken überkam ihn und alle,**
**die bei ihm waren, wegen des Fischzuges,**
**den sie gemacht hatten.**
**Lukas 5,8-9**

Sie waren Zeugen eines übernatürlichen Ereignisses. So etwas kann nicht sein, das übersteigt meinen Verstand ... Das ist unlogisch! So ungefähr müssen Simon, Andreas und seine Freunde gedacht haben.

Am Anfang dieses Kapitels hatte ich dir diese Fragen gestellt: Wie sieht gerade dein Leben aus?

Wie fühlt es sich an? Wie oft hast du dein Netz ausgeworfen und es kam immer leer zurück? Was ist dein Netz, das du auswirfst? Wofür steht es in deinem Leben? Steht es vielleicht für eine Arbeitsstelle, für Bewerbungen? Und sind die Fische darin die Zusagen? Es kommen jedoch nur Absagen. Oder du suchst einen Partner und dein leeres Netz steht für die ganzen Enttäuschungen. Wie auch immer es aussieht in deinem Leben: Frage doch Jesus! Herr, wann soll ich mein Netz auswerfen? Jesus ist mit dir im Boot. Er sagt dir: „Jetzt wirf es aus!" Du fragst ihn irritiert „Jetzt?" „Ja jetzt wirf dein Netz genau hierhin aus!" Du tust es und sagst wie Simon: „Auf dein Wort will ich es auswerfen!" Dein Netz wird voll zurückkommen! Völlig erstaunt fragst Du dann: " Jesus wie kann das sein? Jahrelang habe ich mein Netz ausgeworfen und nie kam es voll zu mir zurück. Heute aber war es so voll, dass es zu reißen begann."

**Denn ein Schrecken überkam ihn und alle,**

**die bei ihm waren, wegen des Fischzuges,**

**den sie gemacht hatten;  gleicherweise auch**

**Jakobus und Johannes, die Söhne des Zebedäus,**

**die Simons Teilhaber waren.**

**Und Jesus sprach zu Simon: Fürchte dich nicht;**

**von nun an sollst du Menschen fangen!**

**Und sie brachten die Schiffe ans Land,**

**verließen alles und folgten ihm nach.**

**Lukas 5,9-11**

Auf sein Wort gelingt es, auf sein Wort kommt dein Netz gefüllt zurück! Vielleicht hast du es über viele Jahre alleine aus eigener Kraft versucht. Und plötzlich gelingt es in diesen einen Moment. Der Moment, wo Gott in dein Herz spricht und - dieser Kairos Moment verändert alles!

Vom Kairos spricht man im Allgemeinen dann, wenn man den günstigen, unterschwelligen, alles entscheidenden Moment beschreiben will.

Der Kairos sticht also heraus und ist etwas Besonderes, etwas Spezielles mit eminenter Tragweite. So einen Moment haben Simon, Andreas und ihre Freunde erlebt!

Strecke dich aus nach Jesus, suche ihn und bitte ihn, dir diesen richtigen und unbeschreiblichen Moment zu zeigen.

## Gottes Arbeiter

**Da sprach er zu seinen Jüngern:**
**Die Ernte ist groß,**
**aber es sind wenige Arbeiter.**
**Darum bittet den Herrn der Ernte,**
**dass er Arbeiter in seine Ernte aussende!**
**Matthäus 9,37-38**

Weißt du, dass du ein Arbeiter für Gott bist? Nicht nur dass: Du bist ein Kind Gottes und ein Arbeiter in seinem Königreich! Was für eine Verheißung, oder?

Von welcher Ernte redet Jesus hier in dieser Bibelstelle im Matthäus-Evangelium? Warum gibt es nur wenige Arbeiter für sein Reich? Hat denn Gott in seiner wunderbaren Schöpfung irgendwo ein Feld hingepflanzt und jetzt fehlt es dort an Arbeitern und deren helfenden Händen? Kann das sein? Ist es vielleicht eine Pilgerreise zu diesem Acker, die jeder Christ einmal in seinem Leben machen sollte? Natürlich ist es nicht so! Wir müssen nirgendwohin pilgern… Gott hat dich an einen Platz gestellt, an dem er durch dich wirken möchte! Als Christ, also als Nachfolger Jesu, sind wir bemüht das zu tun, was Jesus uns aufträgt. Welche Ernte ist hier also gemeint? Der Begriff Ernte fasst alle Arbeiten zusammen, die zum Einbringen landwirtschaftlicher Früchte notwendig sind. Ernte meint den Ertrag von dem, was einmal gesät wurde. Jesus will uns mit hinein nehmen in Gottes Heilsplan für die Menschheit. Er vergleicht die Ernte, die wir aus der Landwirtschaft kennen, mit der Errettung von Menschen. Er sagte, dass die Ernte groß ist. Dieses sagte er, als er noch als Mensch mit seinen Jüngern gemeinsam unterwegs war. Kurz bevor er dann in den Himmel aufgenommen wird, erteilt er den Missionsbefehl an seine Jünger:

Und er sprach zu ihnen:

Geht hin in alle Welt und verkündigt

das Evangelium der ganzen Schöpfung!

Wer glaubt und getauft wird, der wird gerettet

werden; wer aber nicht glaubt,

der wird verdammt werden.

Diese Zeichen aber werden die begleiten, die gläubig

geworden sind:  In meinem Namen werden sie

Dämonen austreiben, sie werden

in neuen Sprachen reden, Schlangen werden sie

aufheben, und wenn sie etwas Tödliches trinken,

wird es ihnen nichts schaden;

Kranken werden sie die Hände auflegen,

und sie werden sich wohl befinden.

Markus 16,15-19

Jesus sagte aber auch, dass sie Kraft empfangen werden, wenn der Heilige Geist über sie kommt. Das geschah
dann am Pfingsttag.  Wenn du gläubig wirst, dann kommt
der Heilige Geist auf dich und er lebt in dir! Es ist diese
göttliche Kraft, durch die alle Dinge geschehen werden,
so wie es im Missionsbefehl beschrieben wird. Die Gefahr
liegt nun aber in unserem menschlichen Herzen.

Es gibt Christen, die wollen mehr und das ist sehr gut! Gott möchte das auch und er freut sich darüber, wenn wir leidenschaftlich für ihn unterwegs sind. Es wird allerdings dann gefährlich, wenn man ausschließlich Zeichen und Wunder sucht. Die Betonung liegt dabei auf „ausschließlich!" Ja, diese Zeichen begleiten uns auf dem Erntefeld. Wenn wir aber von Herrlichkeit zu Herrlichkeit gehen - oder mit anderen Worten von Highlight zu Highlight, dann kommen wir aus dem Staunen gar nicht mehr heraus: " Oh Herr! ... Das hast Du alles getan! Warum durch mich?" Fragen wir dann noch so? Und fragen wir das auch noch, wenn nur noch übernatürliche Dinge um uns und vermeintlich durch uns geschehen? Denn alle Dinge bewirkt Gott! Er möchte, dass wir sein Herz kennenlernen und er möchte uns an bestimmte Orte und in bestimmte Situationen führen. Erkennen wir Gottes Herzschlag, wenn wir uns von ihm nicht verändern lassen? Es ist sehr wichtig, dass er uns verändern und auch an uns arbeiten darf. Der Apostel Paulus schreibt es so aussagekräftig in dem Brief an die Römer:

**Und passt euch nicht diesem Weltlauf an,
sondern lasst euch [in eurem Wesen]
verwandeln durch die Erneuerung
eures Sinnes, damit ihr prüfen könnt,
was der gute und wohlgefällige
und vollkommene Wille Gottes ist.
Römer 12,2**

Es ist so wichtig, dass Gott in uns wirken darf und dass wir dazu auch bereit sind. Jeden Tag neu!  Wenn wir nicht täglich sterben und unsere eigenen Vorstellungen begraben, dann bleiben wir in unserer eigenen beschränkten Denkweise und handeln dementsprechend. Der Heilige Geist macht uns sensibel für das Reden Gottes in unserem Leben.  Bevor wir nun etwas tiefer einsteigen, nochmal eine kurze Zusammenfassung: Jesus sagte: „Die Ernte ist groß und es sind wenige Arbeiter da."

Dann erteilt er den Jüngern und allen Gläubigen den Missionsbefehl. Der Heilige Geist kam auf sie und lebt auch heute in uns und Gott sagt:  Ihr müsst euer ganzes Wesen von mir verwandeln lassen, damit ihr erkennt, wie ich es meine..." Okay, soweit sind wir nun ausgerüstet, um für die tägliche Arbeit auf Gottes Erntefeld schaffen zu können. Jetzt brauchen wir ja nur noch die Ernte einfahren, oder? Ist es so einfach? Der Herr hat uns das Vertrauen und die Vollmacht gegeben. Nun ist da leider noch unser Widersacher, der Satan. Er möchte verhindern, dass wir die Ernte einbringen. Er tut alles, was Gott ihn tun lässt. Dabei musst du wissen, dass Satan schon längst besiegt ist. Und zwar durch Jesu Tod und seine Auferstehung! Er ist wie ein zahnloser Löwe, der nur verwirren und zerstören möchte. Er greift vor allem unsere Identität an, da er weiß, welche Kraft darin liegt, wenn wir als Kinder Gottes unterwegs sind. Er will in Frage stellen, wer wir sind, nämlich Kinder Gottes! Als Arbeiter Gottes bist du für eine ganz bestimmte Aufgabe eingeteilt. Gott hat dich befähigt, er hat eine ganz besondere Gabe in dich hineingelegt. Wir haben gerade über den Missionsbefehl geredet. Wenn die Aufgaben immer gleich wären, dann hätte Gott uns Menschen alle einheitlich geschaffen. Wir sind aber doch völlig unterschiedlich! Unterschiedlich, aber wir haben dasselbe Ziel! Dieses Ziel sollte für jeden Christen sein, dass er in das hineinkommt, was Gott schon längst vorbereitet hat. Wir sind unterschiedlicher Herkunft, unterschiedlicher Nation mit völlig anderem Hintergrund. Wir bringen unser Leben mit, mit all den Verletzungen, die wir im Laufe unseres Lebens erleiden mussten. Wir alle haben solche Erfahrungen gemacht oder machen müssen; ob positiv oder negativ! Lasst uns alles auf den Altar Gottes legen und uns ausstrecken nach dem, was vor uns liegt! Als Arbeiter Gottes sind wir in verschiedenen Abteilungen tätig. Wir haben unterschiedliche Aufgaben und auch unterschiedliche Arbeitszeiten. Frühschicht, Nachtschicht, vielleicht sogar 24/7. Dabei dürfen wir nie vergessen, dass wir nicht nur Arbeiter sind, sondern auch Kinder Gottes! Jesus hat den Weg für uns zum Vater freigemacht. Deshalb ist es so wichtig, immer wieder zu ihm zu kommen, auf seinen Schoss. Das sind die Momente, in denen er uns aufbaut, wo wir ihm alles erzählen können, wie ein kleines Kind. Wo er uns aber auch seine Pläne mitteilt! Nun kommt noch ein sehr wichtiger Aspekt! Ich hatte von dem Widersacher gesprochen. Er will unsere Arbeit sabotieren. Dazu möchte ich nun zum Epheserbrief kommen:

… denn unser Kampf

richtet sich nicht gegen Fleisch und Blut,

sondern gegen die Herrschaften,

gegen die Gewalten,

gegen die Weltbeherrscher der Finsternis

dieser Weltzeit,

gegen die geistlichen [Mächte] der Bosheit

in den himmlischen [Regionen].

Epheser 6,12

Es ist ein Kampf, nicht gegen Fleisch und Blut, sondern ein geistlicher Kampf! Dazu fordert Paulus auf:

Deshalb ergreift die ganze Waffenrüstung

Gottes, damit ihr am bösen Tag widerstehen und,

nachdem ihr alles wohl ausgerichtet habt,

euch behaupten könnt.

Epheser 6,13

Paulus beschreibt nun im Weiteren, dass wir die Waffenrüstung Gottes anziehen sollen. Was ist denn die Waffenrüstung Gottes?

Es ist ja ziemlich unbequem, auf dem Acker zu arbeiten mit einer Waffenrüstung am Körper! Damit wir vorbereitet sind, beschreibt Paulus den Gläubigen in Ephesus anhand der Rüstung eines römischen Soldaten bildlich die Wichtigkeit dieses Schutzes. Römische Soldaten sind den Menschen damals täglich begegnet.

**So steht nun fest,**

**eure Lenden umgürtet mit Wahrheit,**

**und angetan mit dem Brustpanzer**

**der Gerechtigkeit,  und die Füße gestiefelt**

**mit der Bereitschaft [zum Zeugnis]**

**für das Evangelium des Friedens.**

**Epheser 6, 14-15**

Unsere Lenden sollen mit der Wahrheit völlig umgürtet sein. Mit dem Wort Gottes! Dazu tragen wir den Brustpanzer der Gerechtigkeit Gottes und auch Stiefel, in denen wir bereit sind, den Menschen die gute Nachricht, das Evangelium, zu bezeugen.

Wie ergreifen den Schild des Glaubens, der alle Pfeile des Bösen abwehrt und auslöscht.

**und nehmt auch den Helm des Heils**

**und das Schwert des Geistes,**

**welches das Wort Gottes ist.**

**Epheser 6,17**

Und schließlich: Das Schwert. Ein Soldat braucht ein Schwert. Es ist das Wort Gottes, die Bibel! Was wäre eine Rüstung ohne Helm? Der Helm steht hier für das Heil, also deine Heilsgewissheit. Die Sicherheit, dass du weißt, wer du bist in Jesus Christus. Du bist ein Kind Gottes! Wir sind Arbeiter in Gottes Erntefeld. Er hat uns alles gegeben, um jeden Kampf zu bestehen! Egal wo du herkommst, es ist nur wichtig, wohin du gehst!

Wir haben den Heiligen Geist bekommen, der unser Fürsprecher und unser Ermutiger ist. Er führt uns in alle Wahrheit. Er ist aber auch unser Tröster und er befähigt uns, dieser Welt ebenso Trost zu geben! Denke immer daran: Du bist ein viel geliebtes Kind Gottes. Gott gibt dir nie mehr, als du tragen kannst. Er möchte dich in völlig neue Bereiche deines Lebens führen. Hab keine Angst, sei stark und mutig, denn Gott, dein Herr, ist immer bei dir!

**Und er sprach:**

**Fürchte dich nicht, du viel geliebter Mann!**

**Friede sei mit dir! Sei stark, ja, sei stark!**

**Und als er so mit mir redete,**

**wurde ich gestärkt, und ich sprach:**

**Mein Herr, rede;**

**denn du hast mich gestärkt!**

**Daniel 10,19**

Am Anfang dieses Kapitels sagt Jesus: „Die Ernte ist groß, aber es sind wenige Arbeiter. Darum bittet den Herrn der Ernte, dass er Arbeiter in seine Ernte sende." Wir haben gehört, dass es ein geistlicher Kampf ist, kein Kampf gegen Fleisch und Blut.

Die geistliche Waffenrüstung muss vollständig sein! Fehlt etwas an der Rüstung, so macht es dich angreifbar.

## Unter der Schwelle

Ich hörte von einem 12-jährigen Jungen seinen Traum. Er war mit seiner Familie in einem Haus. Plötzlich war am Fußboden des Hauses Wasser. Es stieg immer höher. Es gab eine Treppe im Haus. Der Junge ging mit seiner Familie eine Stufe nach oben. Das Wasser stieg immer weiter... Sie stiegen weitere drei Stufen hinauf, aber das Wasser stieg weiter. Sie gingen noch mehr Stufen hoch — jedoch das Wasser stieg. Eine innere Unruhe überkam den Jungen und auch seine Eltern. Schließlich wurden daraus Angst und Panik! Dann endete der Traum und der Junge erwachte. Er erzählte seiner Mutter davon: „Mama, was kann das bedeuten?

Was sagt uns dieser Traum?" Kennst Du dieses Gefühl, wenn du den Boden unter dir verlierst? Wenn du nichts mehr unter Kontrolle hast? Es fühlt sich so an, als ob dir alles wegschwimmen würde.

Ich musste bei dem Traum des Jungen an eine Vision aus der Bibel denken, die Gott dem Propheten Hesekiel gab. In **Hesekiel 47** wird davon berichtet.

In dieser Vision führte ein Mann Hesekiel zu einem Haus. Unter der Schwelle der Eingangstür floss plötzlich Wasser heraus. Der Mann führte ihn weiter an dem Haus vorbei Richtung Osten... Er hatte eine Messschnur in seiner Hand und maß damit 500 Meter ab. Das Wasser stieg und er führte Hesekiel hindurch: Das Wasser ging ihm bis zu seinen Knöcheln. Dann maß er nochmal 500 Meter ab und er führte ihn durch das Wasser; und es ging in bis zu seinen Knien. Er maß noch weitere 500 Meter ab und er führte ihn weiter hindurch: Es ging ihm nun bis zu seiner Hüfte. Als er dann noch weitere 500 Meter abge-messen hatte, da war das Wasser schließlich zu einem Strom geworden, den er nicht durchschreiten konnte. Als Fluss bezeichnet man ein natürlich fließendes Gewässer das in einem Flussbett verläuft und eine Breite von bis zu ca. 10 Metern hat. Es war deutlich breiter, daher kann man es als Strom bezeichnen. Das Wasser war jetzt so tief, dass man nur noch hindurchschwimmen konnte. „Hast Du das gesehen", fragte ihn der Mann. Sie kehrten zurück zur Eingangstür des Hauses. Hesekiel sah, dass mittlerweile viele Bäume an den Seiten des Stromes gewachsen waren. Er war überwältigt! Der Mann erklärte ihm, dass dieser Strom im Toten Meer mündet und das salzige Wasser des Toten Meeres wird gesund werden. Wohin der Fluss auch fließt: Er bringt überall Leben!

(Dazu muss man wissen, dass das Tote Meer biologisch nicht tot ist, wie der Name sagt:

Allerdings leben dort wegen dem hohen Salzgehalt Mikroorganismen. Diese sind so klein, dass sie mit dem bloßen Auge nicht erkennbar sind. Das Tote Meer ist ein abflussloser See, auch Endsee genannt. Kein Fließgewässer. Der Jordan mündet hier.)

Aber an diesem Strom, auf beiden Seiten

seines Ufers, werden allerlei Bäume wachsen,

von denen man isst, deren Blätter nicht verwelken

und deren Früchte nicht aufhören werden.

Alle Monate werden sie neue Früchte bringen;

denn ihr Wasser fließt aus dem Heiligtum.

Ihre Früchte werden als Speise dienen

und ihre Blätter als Heilmittel.

Hesekiel 47,12

In der Vision von Hesekiel steht das Wasser für den Heiligen Geist. Es läuft fast unbemerkt unter der Schwelle heraus, also ganz unterschwellig… In unserem Leben als Christ, bzw. auf deinem Weg mit dem Heiligen Geist, ist es genauso. Es ist wie ein kleiner Impuls, vielleicht auch ein kleiner Eindruck, der sich aber wiederholt. Geh ihm nach! Genau wie mit dem Wasser: Hesekiel ging gemeinsam mit dem Mann durch das Wasser den Wasserlauf entlang …. Er hatte die Messschnur dabei, um ihm zu zeigen, welche Dynamik das Wasser auf seinem Weg zum Toten Meer bekommt. Es zeigt uns, wieviel Gott bewirken kann, wenn du den Heiligen Geist fließen lässt und ihn nicht stoppst! Gib dem Heiligen Geist den Raum dafür: Lass los! Du musst nichts machen, Gott macht es! Du bist sein Werkzeug. Wenn du den Boden unter den Füßen verlierst, vertraue Gott! Lass einfach los! Es geschieht aber nicht nur durch Träume und Visionen, nein. Sondern auch durch unterschwellige Gedanken in deinem Herzen. Vielleicht kannst du erst mit diesen Gedanken überhaupt nichts anfangen. Doch denk an das Wasser, das immer tiefer wird… Der Mann zeigt Hesekiel die Auswirkungen, er zeigt ihm, was alles passiert: Wo auch immer das Wasser hinkommt, neues Leben entsteht! Wir als Menschen können so wenig bewirken. Wir sehen die Dinge, die um uns herum geschehen, sehr begrenzt. Der Heilige Geist, der in dir lebt, möchte mit dir gemeinsam in Tiefen gehen, bei denen du nicht einmal daran denkst, dass es diese überhaupt gibt. Gott will gerade durch dich Neues entstehen lassen!

**Siehe, ich wirke Neues, jetzt sprosst es hervor;**

**solltet ihr es nicht wissen?**

**Ich will einen Weg in der Wüste bereiten**

**und Ströme in der Einöde.**

**Jesaja 43,19**

Hattest du auch schon solche Visionen oder Träume wie Hesekiel? Gehst du ihnen nach? Ich glaube, dass Träume, die von Gott sind, eine Botschaft enthalten. Manchmal sogar eine tiefe Botschaft. Sie sind jedoch meistens symbolisch und in bildhafter Sprache zu verstehen. Schreibe sie auf und gehe mit Gott ins Gespräch darüber!



Diese Aussage stammt von Josef. Er war ein Sohn Jakobs. Und er hat Recht: Es ist alleine Gott, der die Träume deutet. Vielleicht hast du auch vom Heiligen Geist die Gabe bekommen, Träume deuten zu können, also ihre Botschaft zu erkennen. Strecke dich weiter danach aus und prüfe es! Josef träumte bereits als Kind und später als junger Mann. Er bekam viele Träume von Gott. Das Problem war nur, dass Josef sie nicht richtig anwendete. Er wurde hochmütig und zog den Neid und Hass seiner Brüder auf sich. Warum war das so? Es waren doch Träume von Gott und diese hatten eine Botschaft!

Die Herausforderung bei Josef war es, dass er die falschen Motive hatte. Ihm war die Anerkennung anderer wichtig! Die Gaben, die wir von Gott bekommen, sind nicht dafür da, um gut dazustehen vor den Menschen. Auch nicht, um Ehre von Menschen zu bekommen. Alle Ehre soll Gott gehören! Josef lernte durch sein Leben: Er wurde von seinen Brüdern als Sklave verkauft und landete schließlich in Ägypten, am Hofe des Pharaos. Dort erst wurde seine Gabe in die richtigen Bahnen gelenkt; indem er die Träume des Pharao auslegte. Niemand konnte ansonsten die Träume des Pharaos deuten. Das Resultat war dann das Wiedersehen mit seinen Brüdern und mit seinem Vater Jakob. Und schließlich die Rettung des ganzen Volkes während einer Hungersnot.

Auch bei Daniel wirkte Gott, als sein Volk in Babylon in Gefangenschaft war. Daniel legte dem König seine Träume aus. Er wurde bis an die Regierungsspitze befördert. Es geschahen viele Zeichen und Wunder: Gott stellte sich zu Daniel. Gott wirkt auch heute noch! Er ist derselbe, gestern, heute und in Ewigkeit! Es ist daher sehr wichtig, dass wir uns mehr und mehr von ihm verändern lassen, um zu erkennen, was sein Wille ist. Aber es beginnt meistens ganz unterschwellig...


## Butterfly

Dieses Kapitel ist bildlich zu verstehen. Gott möchte uns anhand der Schöpfung manchmal auf etwas hinweisen: Manchmal sind wir so kopflastig unterwegs und sehen die Schönheit gar nicht. Dabei hat Gott alles so kreativ und schön geschaffen! Butterfly ist das englische Wort für Schmetterling. Ich mag Schmetterlinge, sie sind schön anzusehen. Die meisten  sind bunt, in den unterschiedlichsten Farben. Einige andere haben Muster, einige haben Punkte und es gibt auch einfarbige. Ein Butterfly existiert nicht sofort. Er entsteht aus einer Raupe! Hast du das gewusst? Der Weg von der Raupe bis zum Schmetterling nennt sich „Metamorphose". Das bedeutet so viel wie „Umgestaltung" oder „Verwandlung". Erst haben wir das Eistadium. Hier entwickelt sich aus einem Ei eine Raupe. Die Raupe frisst und wird dicker und muss sich immer wieder häuten, bis zu ihrer letzten Häutung.

Das nennt man das Raupenstadium. Die Raupe verpuppt sich und in dieser Puppe findet die Verwandlung statt. Nach dem Puppenstadium schlüpft dann der fertige Schmetterling. Wunderschön gemacht! Das alte Leben als Raupe ist nun vorbei, das neue Leben als Schmetterling hat begonnen. Ich frage mich: Aus welchem Grund hat Gott sich das so ausgedacht? Vielleicht hast du auch Parallelen im Kopf zu dem Leben als Mensch. Kann man denn den Menschen mit einem Tier vergleichen? Nein, das kann man definitiv nicht, denn der Mensch ist einzigartig erschaffen worden. In der Schöpfungsgeschichte lesen wir:

**Und Gott sprach:**

**Lasst uns Menschen machen**

**nach unserem Bild, uns ähnlich;**

**die sollen herrschen über die Fische im Meer und**

**über die Vögel des Himmels**

**und über das Vieh und über die ganze Erde,**

**auch über alles Gewürm, das auf der Erde kriecht!**

**1.Mose 1,26**

Wir sind geschaffen worden als ein Wesen, das Gott nach seinem Ebenbild gemacht hat. Er erschuf zuvor alle Tiere und gab dann dem Menschen die Verantwortung, über sie zu herrschen und ihnen Namen zu geben. Tiere können keine geistige Aufgabe erfüllen. Sie können konditioniert werden. Sie lernen durch Erfahrung, bestimmte Reize mit bestimmten Folgen zu verbinden und es lernt durch Belohnung oder Bestrafung. Den Menschen jedoch hat Gott einzigartig geschaffen: Mit Körper, Geist und Seele.

Kommen wir nun zurück auf die Schmetterlinge: Gott hat sie geschaffen. Sie sehen gut aus. Hat er sie vielleicht erschaffen zur Freude der Menschen? Bis die Entwicklung zu einem Schmetterling abgeschlossen ist, ist es ein weiter Weg. Die Raupe hat einen beschwerlichen Weg vor sich. Es ist mühsam. Ich bin der Meinung, dass Gott uns auch mit diesem Bild etwas sagen möchte. Es steckt eine tiefe Bedeutung dahinter. Auch wir als Menschen gehen durch einen Prozess im Laufe unseres Lebens. Wir fressen zwar nicht wie eine Raupe und warten bis aus der Puppe der fertige Falter herauskommt, doch wir entwickeln uns auch. Unser Körper verändert sich im Laufe unseres Lebens. Es gibt auch die geistliche Entwicklung: Als Christ wirkt der Heilige Geist in uns. Er möchte unserem Geist die Prinzipien des Königreiches Gottes näherbringen. Wenn man das nun mit dem Prozess der Häutung einer Raupe vergleichen möchte, passen sicherlich gewisse Aspekte. Wir geben bei unserer Taufe unser altes Leben auf. Das neue Leben mit Gott beginnt! Ein langer Prozess, der unser ganzes irdisches Leben andauert, hat begonnen.

Diese Veränderung hat Gott längst vorbereitet. Der lateinische Begriff „Metamorphose" bedeutet so viel wie „Umwandlung" wie bei der Raupe. In der Geologie kennt man diesen Begriff auch. Die Verwandlung von Mineralien zum Gestein. Uns Menschen hat Gott ganz besonders gemacht. Es ist nicht nur eine äußerliche Verwandlung, nein: In erster Linie ist es eine Veränderung unseres Herzen. Durch den Heiligen Geist führt Gott uns immer tiefer in die Erkenntnisse seines Königreiches. Er hat dich einzigartig erschaffen, wie auch die Schmetterlinge. Allerdings mit einem ganz anderen Hintergrund. Wenn du das nächste Mal einen Schmetterling siehst, denke bitte an diesen Vergleich. Anhand der Schöpfung will er dir sagen, dass du so viel wertvoller bist als das schönste Tier, das jemals erschaffen wurde! Du weißt jetzt, dass jeder Schmetterling einmal eine Raupe war. Gott redet auch in der Natur und über die Schöpfung zu dir. Bleib immer im Dialog mit Gott, unserem Schöpfer. Er ist würdig, angebetet zu werden. Er erklärt dir gerne die Schöpfung.

Gott liebt dich so sehr!

# Versprechen im Zerbruch

Es gibt Tage in meinem Leben, da frage ich mich warum alles so schwierig und kompliziert sein muss. Ich sitze gerade in einem griechischen Restaurant. Es läuft typisch griechische Musik. Es ist immer ein Gefühl von Urlaub, das hier vermittelt werden soll. An der Wand hängt ein Foto von der Stadt Thessaloniki. Ich betrachte es, da beginnt der Heilige Geist zu meinem Herzen zu reden: „Was denkst du, wie es damals wirklich war in Thessaloniki? War es für Paulus und seine Gefährten einfach als sie dorthin kamen?" Ich beginne in meiner Bibel zu lesen.

Zur Erklärung: Thessalonich, das so in der Bibel erwähnt wird, ist das heutige Thessaloniki (kurz auch Saloniki genannt).

Im 1. Brief an die Thessalonicher schreiben Paulus, Silvanus (auch Silas genannt) und Timotheus an die Gemeinde in der Stadt Thessalonich: „Wir danken Gott allezeit für euch alle, wenn wir euch in unseren Gebeten erwähnen.

Unablässig denken wir an euer Werk im Glauben und an eure Bemühungen in der Liebe." Paulus erwähnt weiter, wie es ihnen zuvor in Philippi ergangen war, denn sie wurden dort brutal behandelt. Sie wurden geschlagen und ins Gefängnis geworfen, unter falschen Anschuldigungen misshandelt und dann noch unrechtgemäßer Weise bestraft, obwohl sie römische Bürger waren! Doch Paulus schreibt weiter, dass sie ihnen jedoch mit Freude aber auch unter Kampf, das Evangelium verkündet haben. Es war also keine Reise nach dem Motto: „Wir fahren jetzt nach Thessalonich und gehen dort in die Synagoge und halten dort eine Predigt. Wenn es dann gut ankommt, dann bleiben wir noch einige Tage ... Nein, es war ein sehr beschwerlicher Weg! Körperlich und mental waren sie sehr erschöpft und angegriffen. Und trotzdem verkündigten sie voller Freude das Evangelium der Gemeinschaft dort in Thessaloniki.

Wie sieht es in unserem Leben aus? Geben wir schnell auf, wenn es schwierig wird? Vielleicht dauert die Erfüllung deines Wunsches oder deines Traumes etwas länger! Siehst du dann nur die Umstände, gibst auf und drehst wieder um?

Erkennst du dann noch, was Gott tun möchte? In Thessalonich war nichts sichtbar von dem was Gott vor hatte, gerade nach dem harten und steinigen Weg zuvor in Philippi. In Thessalonich kamen viele Menschen zum Glauben an Jesus Christus. Wie kam das? Ich schrieb bereits über die Anfänge… Was wäre gewesen, wenn Paulus und die Anderen einfach aufgegeben hätten? „Wir sind misshandelt worden. Das wird hier viel zu gefährlich! Lasst uns nach Hause gehen!"  Nein, sie machten weiter und ließen sich nicht abbringen von dem Weg, den sie gehen sollten. Das Feuer in ihnen ging nicht aus!

### Siehe, wir ziehen hinauf nach Jerusalem…
### Lukas 18,31

Jesus sprach diese Worte zu seinen Jüngern: „Wir ziehen hinauf nach Jerusalem" Er wusste, dass es der Ort sein würde, an dem sich alles erfüllen würde, was bereits durch die Propheten angekündigt worden war.  Er wusste, dass er dort leiden und sterben würde. Jesus ging dennoch diesen Weg! Was ist dein Jerusalem? Was ist für dich dein ganz persönliches Jerusalem?

Es kann eine Situation sein, bei der du weißt, dass sie in Bezug auf dein weiteres Leben entscheidend sein kann! Es kann auch ein Problem sein, vor dem du am liebsten wegrennen würdest, das dir Angst macht oder dich innerlich verkrampfen lässt. Du weißt aber, dass du gewisse Dinge tun musst. „Versprechen im Zerbruch", so heißt dieses Kapitel meines Buches. Jesus wusste, dass er einen schweren Weg gehen muss. Paulus und seine Gefährten wussten auch, dass sie nach den Erfahrungen in Philippi den Weg nach Thessalonich gehen mussten. Auch in unserem Leben müssen wir ständig Entscheidungen treffen. Gehst du den Weg, der für dich jetzt dran ist? Der Heilige Geist ist unser Begleiter. Jesus vergleicht es mit der Geburt eines Kindes. Er sagt: „Wenn die Geburtswehen vorbei sind, ist nur noch Freude da über das Kind." Wir können lernen, es so anzunehmen, indem wir schwanger gehen mit unseren Entscheidungen. Ich komme nochmal zurück auf den 1. Brief an die Thessalonicher: Paulus und seine Brüder haben nicht aufgegeben und sind nach Thessalonich gegangen. Das Resultat war, dass nachdem sie die Schwierigkeiten überwunden hatten, viele Menschen an Jesus glaubten. Diese hielten dann fest an dem Glauben, obwohl sie selber auch großen Gegenwind spürten, bis hin zur Verfolgung, der sie ausgesetzt waren. Das soll dir, lieber Leser, Mut machen, durchzuhalten! Wie war es denn bei David? Gott sprach davon, dass er ein Mann nach seinem Herzen sei! Aber warum war er das in Gottes Augen? War David so perfekt, sündenfrei? Hat er alles richtiggemacht in seinem Leben? Nein! Durchaus nicht! Gott hat ihn durch den Propheten Samuel zum König von Israel salben lassen. War er dann sofort König? Es dauerte ca. 20 Jahre bis es dann endlich soweit war. Er wurde von dem amtierenden König Saul gehasst und verfolgt. Viele Jahre war er deshalb auf der Flucht! Er versteckte sich in Höhlen. Schließlich wollte ihn auch noch sein eigener Sohn umbringen! Ging David denn in diesen ganzen Bedrängnissen weinend zurück zu seinen Schafen? Oder hielt er an Gottes Zusagen fest? Und was hatte Jesus für ein Leben? War es schön und angenehm? Er sagte selber über sich, dass der Menschensohn keinen Platz hat, um seinen Kopf hinzulegen. Selbst in seiner Familie wurde er abgelehnt. Seine leiblichen Brüder Judas und Jakobus lebten mit ihm zusammen. Sie glaubten aber nicht an ihn. Erst nach Jesu Auferstehung kamen sie zum Glauben.

Was haben nun Paulus, David und all die genannten Personen mit dir gemein? Ist es das Durchhalten in den Momenten, in denen es nicht so läuft, wie wir es uns vorstellen? Vielleicht sind es auch die vielen einsamen Momente in deinem Leben? Ich möchte dir hiermit zusprechen, dass du nicht alleine bist! Gott ist bei dir und kämpft mit dir deine Kämpfe! In den Psalmen lesen wir so viel davon. Wir lesen über Leid, ob körperlich oder seelisch, den ganzen Frust... Die Menschen haben Gott jedoch alles hingeschmissen, alle Probleme und alle Sorgen. Und dann? Dann haben sie ihn gepriesen und ihm vertraut, dass er es gut machen und sich um alle ihre Schwierigkeiten kümmern wird! Sie vertrauten auf Gottes Zusagen! Gott sieht Dich! Er macht Unvorstellbares für dich! Ja, auch durch dich! Und erst recht dann, wenn du noch im „Zerbruch" steckst... Zerbruch bedeutet, dass etwas zerbrochen ist. Es ist also nicht mehr so, wie es war oder wie du es dir vorgestellt hast. Nach einem Schicksalsschlag hört man manchmal, dass eine Person an einem gebrochenen Herzen gestorben ist. Meistens passiert es bei dem Verlust eines geliebten Menschen, mit dem man eine lange Zeit verbracht hat.

Eigentlich meint man mit einem gebrochenen Herzen einen seelischen Schmerz, dessen Kummer zu körperlichen Symptomen führt.

**Die Opfer, die Gott gefallen,**

**sind ein zerbrochener Geist;**

**ein zerbrochenes und zerschlagenes Herz**

**wirst du, o Gott, nicht verachten.**

**Psalm 51,19**

Möchte Gott etwa, dass unser Herz zerbricht? Wartet er vielleicht auf diesen Moment des Zerbruchs, in dem wir endlich aufhören, alles selber schaffen zu wollen? Hören wir ihm dann zu? So, dass er beginnen kann, seine guten Pläne für unser Leben umzusetzen?

**Und ich will euch ein neues Herz geben**

**und einen neuen Geist in euer Inneres legen;**

**ich will das steinerne Herz**

**aus eurem Fleisch wegnehmen**

**und euch ein fleischernes Herz geben.**

**Hesekiel 36,26**

Gott möchte uns ein neues Herz geben einen neuen Geist! Erkennen wir seine Handschrift mit unserem alten stolzen, egoistischen Herzen nicht? Liegt darin vielleicht eine Chance? Eine Chance für einen Neuanfang, wenn wir Zerbruch in unserem Leben erleiden? Dieses tägliche Sterben tut sehr weh! Ja, im Zerbruch ist ein Neuanfang.

Hier bricht auch unser Stolz, unsere Eitelkeit und unser Egoismus ... Besser formuliert: Wir begraben unser altes Leben. Im Kapitel „Unter der Schwelle" habe ich über die Geschichte von Josef geschrieben. Er war sehr gesegnet von Gott und empfing viele Träume von ihm. Er wurde aber stolz und hochmütig gegenüber seiner Familie und seinem Umfeld. Josef musste viele Lektionen lernen, bis er an den Punkt kam, an dem er verstand. Rückblickend betrachtet, frage ich dich: Hätte Gott den jungen, „unfertigen" Josef für seine Pläne gebrauchen können? Erfüllte Gott ihm jeden Wunsch bei seiner persönlichen Entwicklung? Paulus schrieb dazu:

**Und damit ich mich**

**wegen der außerordentlichen Offenbarungen nicht**

**überhebe, wurde mir ein Pfahl**

**fürs Fleisch gegeben, ein Engel Satans,**

**dass er mich mit Fäusten schlage,**

**damit ich mich nicht überhebe.**

**2.Korinther 12.7**

In einigen Bibelübersetzungen lesen wir auch von einem Stachel oder einem Dorn im Fleisch. Meiner Meinung ist es kein Stachel oder Dorn im bildlichen Sinne, sondern es war etwas in seinem Leben, was ihn belastet hat und was er nicht wegbekam. In deinem Leben kann es eine schlechte Angewohnheit sein oder ein körperliches Leiden, aber es kann auch viele andere Bereiche betreffen. Was es auch ist: Gott nimmt nicht automatisch alles weg, worunter du leidest!

**Seinetwegen habe ich dreimal
den Herrn gebeten, dass er von mir
ablassen soll.  Und er hat zu mir gesagt:
Lass dir an meiner Gnade genügen,
denn meine Kraft wird in der Schwachheit
vollkommen! Darum will ich mich am liebsten viel-
mehr meiner Schwachheiten rühmen,
damit die Kraft des Christus'' bei mir wohne.
2.Korinther 12,8-9**

Paulus beschreibt, wie abhängig unser Leben mit Gott ist. Dieser „Stachel" in unserem Leben, lässt uns demütig werden und bleiben. Er erinnert uns daran, dass wir nur aus Gnade, errettet worden sind. Wenn dieses Verständnis von unserem Kopf ins Herz gelangt, sehen wir, dass Gott uns durch einen Zerbruch auf eine neue Ebene führen kann!

# Loslassen

„Loslassen" ist in der deutschen Sprache ein Verb das du bestimmt kennst. Es bedeutet so viel wie „etwas lösen", „etwas nicht mehr zurückhalten" oder „etwas lockern". Dazu müssen wir erst gewisse Dinge festhalten, um sie dann lösen zu können. Hast du etwas in der Hand, kannst du es loslassen, wie zum Beispiel ein Auto-Lenkrad oder den Hund an der Leine. Du machst die Leine weg und der Hund läuft davon. Es können auch Gedanken sein, die wiederum uns nicht mehr loslassen. Oder wenn du Kinder hast: Es kommt der Moment, dass sie erwachsen werden und du sie loslässt in das neue Leben als Erwachsene. Das sind alles nur Beispiele. Es gibt sicherlich viel mehr Aspekte des Loslassens, und wir wissen, dass sich nicht alles von uns selbst lösen lässt. Als Mensch in Europa, vielleicht auch ganz speziell in Deutschland, werden wir in der Regel schon als Kleinkind so erzogen, dass wir funktionieren müssen, um im späteren Leben klarzukommen. Man kann sagen, uns wird beigebracht, dass wir die Kontrolle über unser Leben haben müssen. Es wird geplant oder für einen bestimmten Zweck, auf ein bestimmtes Ziel hin, gelernt. Ein gutes Abschlusszeugnis, ein Zertifikat, ein Leistungsnachweis, Referenzen sollen den Weg in eine solide Karriere ebnen. Loslassen bedeutet dann eher Schwäche, denn es könnte bedeuten, dass man seine Ziele aus den Augen verliert. Der „natürliche Mensch" wird so geprägt. Gibt es denn auch „unnatürliche Menschen"? Jeder Mensch ist erschaffen worden mit einem Geist, einer Seele und wir leben in einem Körper. Die Seele umfasst sowohl Emotionen als auch Gefühle. Sie beinhaltet Mitgefühl für andere, aber genauso auch alle Verletzungen, die wir im Laufe des Lebens erlebten. Verletzungen von anderen Menschen und auch Verletzungen, die wir anderen zugefügt haben. Der Geist, den wir bekommen haben, ist unser Verstand. Wir können denken, lernen, bilden uns weiter und kommunizieren miteinander. Mit unserem Geist machen wir uns Gedanken über sinnvolle und sinnlose Dinge. Wir schmieden Pläne und setzen uns Ziele. Was kann ich mir Gutes tun? Was braucht meine Familie? Ein Jahresurlaub muss es auf jeden Fall sein! Den habe ich mir aber verdient! Am besten sogar zwei- bis dreimal jährlich, falls möglich. Der natürliche Mensch plant und macht und tut… Ohne jedoch nach Gott zu fragen. Dieser spielt in seinem Leben keine Rolle. Teilweise wird sogar die Schöpfung angebetet. Aber der Schöpfer, von dem alles kommt, wird ignoriert. Wie kann das sein? Loslassen ist ein Prozess! Mit unserer Bekehrung zum christlichen Glauben, und somit zum geistlichen Menschen, fangen wir an, unser Leben auf Gott auszurichten. Es gibt viele Beispiele, in denen Gott in das Leben von Menschen eingegriffen hat. Abhängigkeiten und Bindungen sind daraufhin verschwunden... Doch manchmal dauert es länger, dann ist es ein Prozess des Loslassens in unserem Leben, bis hin zu dem Vertrauen zu Gott! Es ist nicht einfach, denn unser Leben kommt in allen Bereichen auf den Prüfstand. „Warum muss das denn sein?", fragst du dich vielleicht". „Wieso muss ich alles loslassen? War mein altes Leben denn so schlecht?" Ich möchte das mit einem großen Wasserglas vergleichen: Stell dir vor, es ist zur Hälfte gefüllt mit altem abgestandenem Wasser. Du schüttest nun frisches Wasser hinzu, bis das Glas gefüllt ist. Schmeckt das dann gut? Ich denke eher nicht. Das Wasserglas steht für dein neues Leben mit Gott: Vieles hat sich im Laufe deines Lebens bei dir angesammelt, so wie das abgestandene Wasser. Doch Gott möchte dich ganz und komplett mit frischem Wasser füllen: Mit seinem Heiligen Geist! Dazu ist es erforderlich, dass du loslässt und alles abgibst, was nicht von Gott ist.

**Ja, der Geist selbst bezeugt es uns**
**in unserem Innersten,**
**dass wir Gottes Kinder sind.**
**Römer 8,16**

Das ist ein wichtiger Aspekt! Der Heilige Geist legt eine neue Identität in dich hinein und sagt dir, wer du bist! Du bist nicht das Produkt deines Lebens, deiner Umstände oder deiner Herkunft! Nein! Du bist ein Kind Gottes! Als Kind Gottes streckst du dich danach aus, was dein Vater im Himmel alles für dich vorbereitet hat. Durch den Heiligen Geist geschieht das. Er verwandelt dich, damit du erkennen kannst, was der gute und vollkommene Wille Gottes für dein Leben ist. Und ja, richtig: Mit unseren alten Gedankenmustern erkennen wir das nicht!

Wenn wir es zulassen und dem Heiligen Geist in uns mehr Raum geben, dann erkennen wir immer mehr den Plan, den Gott für unser Leben hat. Das ist dieses Loslassen! Loslassen von Dingen, die uns beschränkt sehen und

handeln lassen. Hin zu den Dingen, die Gott durch dich
tun möchte. Er möchte wirken in deinem Leben!

**Denn Gott hat der Welt seine Liebe
dadurch gezeigt, dass er seinen einzigen Sohn für sie
hergab, damit jeder,
der an ihn glaubt, das ewige Leben hat
und nicht verloren geht.
Johannes 3,16**

Möglich ist das nur durch das Erlösungswerk, das Jesus
am Kreuz vollbracht hat. Wenn ich an die Kreuzigung
denke, muss ich an die Situation denken, als Jesus im
Todeskampf am Kreuz zu Johannes, seinem Jünger, und
zu Maria, seiner Mutter, spricht: „Siehe deine Mutter!"
sagt er zu Johannes. „Siehe dein Sohn!" sagt er zu Maria.
Jesus sieht immer weiter als wir denken können. Wo bist
Du Gott? In unseren Umständen? In unseren Situationen?
Wenn wir die Frage seelisch stellen (die Bibel nennt es
„aus dem Fleisch"), dann verstehen wir es nicht. Geistlich
betrachtet, stellst Du fest, dass alles wie ein wunderba-
res Kunstbild ist, dass der Bildhauer - Gott - wunderbar

gemacht hat! Deine Frage ändert sich dann von einem „Wo bist Du"? zu „Danke Herr, dass Du immer da bist!"

**Was für ein Trugschluss!**
**Ist denn ein Klumpen Ton dem Töpfer ebenbürtig,**
**der ihn bearbeitet? Behauptet ein Kunstwerk**
**von seinem Künstler, er habe es nicht gemacht?**
**Oder sagt ein Tonkrug über seinen Töpfer:**
**„Er versteht doch nichts davon!"?**
**Jesaja, 29,16**

Wir sind erschaffen worden durch den Willen Gottes. Weil er es wollte, hat er Dich erschaffen. Genauso wie Du bist! Dein Aussehen, dein Charakter, deinem Temperament… So wollte er Dich! Anfangs schrieb ich, dass Loslassen ein Prozess ist. Lass dich verändern durch den Heiligen Geist. Dabei kann es passieren, dass du die Veränderung an dir gar nicht spürst. Es können bestimmte Angewohnheiten oder dein Charakter sein, der sich verändert. Du bist ruhiger und gelassener, eventuell auch fröhlicher. Dein Umfeld nimmt diese Veränderung eher wahr als du, denn dieser Prozess findet ganz unterschwellig in dir statt ….

**Alle Tage meines Lebens**

**hast Du in ein Buch geschrieben – noch bevor einer**

**von ihnen begann!**

**Psalm 139,16**

## Der neue Bund

Dieses Kapitel handelt von dem neuen Bund, den Gott mit den Menschen durch Jesus Christus geschlossen hat. Es drückt sehr stark die Liebe Gottes zu uns Menschen aus. Was ist eigentlich ein Bund? Ein Bund ist ein Zusammenschluss von mindestens zwei Parteien, die nicht unbedingt gleichberechtigt sein müssen. Es wird ein Vertrag geschlossen und alle Parteien müssen damit einverstanden sein. Ein Abkommen, eine Zweckgemeinschaft um ein bestimmtes Ziel zu erreichen, bei der alle Seiten dazu beitragen, dass das gewünschte Ziel erreicht wird.

**Siehe, ich richte meinen Bund auf mit euch**

**und mit eurem Samen, der nach euch kommt.**

**Und ich will meinen Bund mit euch aufrichten,**

**dass künftig nie mehr alles Fleisch**

**von dem Wasser der Sintflut ausgerottet wird,**

**und dass auch keine Sintflut mehr kommen soll,**

**um die Erde zu verderben.**

**1.Mose 9,9+11**

Diesen Bund schloss Gott mit Noah als die Sintflut vorüber war. Gott vernichtete alles Leben, außer dem Leben der Menschen und Tieren, die sich in der Arche befanden. Aufgrund dieses Bundes, gibt es keine Sintflut mehr auf der Erde. Gott ging  noch weiter.

**Darum soll der Bogen in den Wolken sein,**

**dass ich ihn ansehe**

**und an den ewigen Bund gedenke**

**zwischen Gott und allen lebendigen Wesen**

**von allem Fleisch, das auf der Erde ist!**

**Und Gott sprach zu Noah:**

**Das ist das Zeichen des Bundes,**

**den ich aufgerichtet habe**

**zwischen mir und allem Fleisch, das auf der Erde ist.**

**1.Mose 9,16-17**

Hier lesen wir nun von der wahren Bedeutung des Regenbogens! Gott sagt dass dieses Zeichen immer an den Bund erinnern soll, den er mit Noah geschlossen hat. Es gibt verschiede Bündnisse die Gott schloss. Ob es der Bund ist, den Gott mit Abraham schloss, wir lesen davon im 1. Buch Mose 15,18.

Oder den Bund, den er mit David schloss. Dieser sogenannte Davidbund wird beschrieben im 2.Samuel 7.

Der bekannteste ist heutzutage vielleicht der Ehebund, den Gott ins Leben rief. Ja die Ehe ist ein Teil von Gottes Plan mit den Menschen.

Es ist eine Bindung zwischen Mann und Frau, die von Gott gesegnet ist. Der Prophet Jesaja teilt uns noch folgendes mit:

**Denn die Berge mögen weichen**

**und die Hügel wanken, aber meine Gnade**

**wird nicht von dir weichen**

**und mein Friedensbund nicht wanken,**

**spricht der HERR, dein Erbarmer.**

**Jesaja 54,10**

Jesaja redete zu dem Volk Israel. Gott ermutigte sein Volk dadurch, als sie in der Gefangenschaft in Babylon waren. Diese Zusage gilt auch uns, weil wir in Gottes Volk integriert wurden. Aus lauter Gnade und Liebe tut es Gott für alle Menschen. Diese Bündnisse, die Gott im Alten Testament mit verschiedenen Personen abschloss (es gibt noch viel mehr als ich hier aufführe), waren immer ein Vertrag zwischen Gott und den Menschen. Der Sinai-Bund (2.Mose 24,8)  wurde mit Blut besiegelt. Mit Blut von Opfertieren. Ein Bund mit Blut unterstreicht die Heiligkeit, sowie die Ernsthaftigkeit und die Unumkehrbarkeit. Blut symbolisiert Leben. Dieses Blut besiegelte die Einhaltung des Bundes beidseitig.

**Und er nahm den Kelch und dankte,**

**gab ihnen denselben und sprach:**

**Trinkt alle daraus!  Denn das ist mein Blut,**

**das des neuen Bundes, dass für viele**

**vergossen wird zur Vergebung der Sünden.**

**Matthäus 26,27-28**

Jesus sprach zu seinen Jüngern bei ihrem letzten gemeinsamen Zusammentreffen, bekannt als das letzte Abendmahl. Durch seinen Tod und  seine Auferstehung kam die Zeit des neuen Bundes, in der wir nun leben. Jesus kündigte mit seiner Aussage bereits an, dass mit seinem Tod und seiner Auferstehung von den Toten, eine neue Zeitrechnung beginnen würde. Gottes Plan mit den Menschen, der neue Bund! Was ist nun aber der neue Bund genau und wo liegt der Unterschied zu einem Bund im Alten Testament? Der neue Bund ist kein zweiseitiges Einverständnis! Er ist einseitig von Gott gegründet und auch nicht abhängig von der Treue der Menschen zu ihm!

Durch den neuen Bund ist nun der Weg zu Gott wieder frei! Der Vorhang im Tempel ist zerrissen, als Jesus am Kreuz starb. Der Vorhang, der uns von Gott trennte, ist weg! Sei dir bewusst, was Jesus für dich tat! Und was es bedeutet, dass Gott der Vater, es ermöglicht hat, dass wir zu ihm kommen können und sagen dürfen: Abba, lieber Vater! Wir Menschen hätten es aus unseren eigenen Bemühungen nie geschafft, uns Gott zu nahen. Die Trennung, die nach dem Sündenfall durch Adam und Eva geschah, ist nun aufgehoben für alle Zeit! Wir haben freien Zugang zu Gott durch Jesus, durch sein Erlösungswerk am Kreuz. Der neue Bund ist auch mit Blut geschlossen worden. Mit dem Blut Jesu. So sind wir frei und sind durch Gnade errettet. Der Mensch ist nicht treu! Und schon gar nicht zu Gott! Dieser Bund, wenn Gott ihn mit dir und mit mir abgeschlossen hätte, wie hätten wir den unterschreiben können und vor allem einhalten können? Jesus nahm alles auf sich, damit wir leben können. Es ist das größte Geschenk aller Zeiten, das größte Geschenk, das wir jemals erhalten haben. Hast du es schon ausgepackt? Das Wesen Gottes ist Liebe! Er ist die Liebe! Und die göttliche Liebe zwingt nicht, sie manipuliert nicht nein sie lässt dir immer die freie Entscheidung. Du kannst wählen und sagen: „Ja Gott zeig mir das es dich wirklich gibt!"

Oder du entscheidest dich dagegen. Gott hat alles vollbracht und vorbereitet! Wie leben wir nun mit dem Verständnis, dass wir im neuen Bund leben? Ein Leben als Christ ist herausfordernd, es ist spannend und aufregend! Wir bringen unser altes Leben mit. Im Matthäus-Evangelium 11,28-30 sagt Jesus zu den Menschen:

**Kommt her zu mir alle,**

**die ihr mühselig und beladen seid,**

**so will ich euch erquicken!**

**Nehmt auf euch mein Joch und lernt von mir,**

**denn ich bin sanftmütig und von Herzen**

**demütig; so werdet ihr Ruhe finden für eure**

**Seelen! Denn mein Joch ist sanft**

**und meine Last ist leicht.**

Er sagt alle die ihr müde seid vom Leben, kommt mit euren Lasten zu mir. Er sagte dass sein Joch leicht ist. Ein Joch ist ein Gerät das in der Landwirtschaft benutzt wird. Zwei Ochsen werden damit zusammengebunden, um die schwere Last gemeinsam ziehen. Wenn wir das übertragen auf unser Leben, dann erkennen wir, dass Jesus uns unsere Last abnehmen möchte. Stell dir bildlich vor: Jesus und du, ihr geht gemeinsam durch das Leben. Er sagt nicht, räume erst dein Leben auf! Nein, er sagt: „Komme so wie du bist". Die Lasten und die Probleme des Lebens, was sowohl das Vergangene als auch das Zukünftige betrifft, möchte er dir abnehmen. Auf dem Weg durch dein Leben mit Gott gemeinsam wirst du Dinge erleben, von denen du nie geträumt hättest. Er führt dich langsam, so wie du es verkraften kannst, immer tiefer in ein neues Land. Auf diesem Weg werden Hindernisse auftauchen. Was machst du dann? Gehst du zurück oder glaubst du mit Gott an deiner Seite, dass sie sich überwinden lassen? Die Bibel ist so bildlich geschrieben, dass man sehr gut verstehen kann, was Gott uns sagen möchte.

Ich denke gerade daran als Gott zu Mose sagte, dass er einige Männer losschicken sollte, die das Land Kanaan erkunden sollten. Mose nahm wie Gott gesagt hatte, einige führende Männer aus jedem Stamm Israels mit. 40 Tage lang haben sie erkundet, dann kamen sie zurück. Sie kamen zurück und zeigten die mitgebrachten Früchte. „Es ist wirklich ein Land, in dem Milch und Honig fließen, sagten sie. Aber es gibt dort Riesen, es ist unmöglich das Land einzunehmen! Wir sind dagegen wie Heuschrecken." Sind in Deinem Leben die Herausforderungen auch meistens größer als all das Schöne, das dich dahinter erwartet? Sind es nur deine Gedanken, die dich fürchten lassen, dass es so sein wird? Bei Gott sind alle Dinge möglich! Nur einer, dieser führenden Männer, Kaleb, beschwichtigte das Volk und sagte, dass sie es sehr wohl erobern könnten. Kaleb wollte als Einziger es mutig umsetzen. Er wollte sich nicht abschrecken lassen.

Wenn wir das nun auf unsere Zeit übertragen, auf den neuen Bund, dann erkennen wir, dass es erst durch Jesu Tod und der Auferstehung möglich ist, dass der Heilige Geist in uns lebt. Dadurch haben wir diesen göttlichen Mut in uns gegen Widerstände! Als Moses in der Wüste starb, da gab Gott Josua den Auftrag, die Mission fortzuführen: Das Volk Gottes in das verheißene Land zu bringen.

Josua brauchte von Gott noch eine Ermutigung.

**Und er befahl Josua,**

**dem Sohn Nuns, und sprach:**

**Sei stark und mutig!**

**Denn du sollst die Kinder Israels**

**in das Land bringen,**

**dass ich ihnen zugeschworen habe,**

**und ich will mit dir sein!**

**5.Mose 31,23**

Sei mutig und sei stark! Und ich will mit dir sein!

Das spricht Gott dir auch jetzt  ganz persönlich zu!

# Muss erst der Esel zu dir sprechen?

Vielleicht bist du Christ und schon eine längere Zeit mit Jesus unterwegs, weil du ihn in dein Leben gelassen hast. Oder du bist kurz davor und sagst:" Gott, wenn es dich wirklich gibt, zeig dich mir und verändere mein Leben!" Egal an welchem Punkt du in deinem Glaubensleben gerade stehst: Das Leben bleibt spannend und aufregend! Gerade dann, wenn du Gott die Kontrolle für dein Leben überlässt. Akzeptierst du seine Entscheidungen? Akzeptierst du es, wenn er nein sagt? Durch den Glauben an Jesus haben wir den Heiligen Geist erhalten, der in uns wohnt und uns auch durch das Leben führen möchte. Im Alten Testament hören wir von einem Mann namens Bileam. Er wird in der Bibel nicht als Prophet bezeichnet und war kein Israelit. Von ihm wurde aber gesagt, dass er Gottes Worte hörte, Erkenntnisse von ihm bekam und eine Vision von ihm hatte. Bileam bezeichnete den Gott der Bibel auch als seinen Gott. Und doch wird er später als ein „Wahrsager" bezeichnet und von den Israeliten getötet. Die Frage ist: Welche Motive hatte Bileam? Glaubte er wirklich an Gott oder war er nur ein falscher

Prophet? Im Neuen Testament wird er mit den Anfängen der Irrlehre in Verbindung gebracht. Glaubte er wirklich an Gott oder kam er vom Glauben ab? Vermischte sich etwas mit Bileams Glauben? Oder war er vielleicht nie richtig auf Gott ausgerichtet gewesen? Wir wissen es nicht! Was wir aber wissen ist, dass Gott sich Bileam gezeigt hat und mit ihm redete. Es ist deshalb so wichtig, dass wir an der unverfälschten Lehre des Wortes Gottes festhalten, wenn wir in unserem Leben mit Gott unterwegs sind. Eines Tages, als das Volk Israel auf seinem Weg war (nach der Befreiung aus der Sklaverei in Ägypten), kam es auch in der Nähe von Jericho in die Ebenen Moabs. Balak, der König der Moabiter, hatte Angst vor all diesen vielen Menschen. Er wusste aber auch, was schon alles passiert war: Nämlich, dass Gottes Volk durch das Gebiet der Amoriter gegangen war und sie sich deren Widerstand entgegengesetzt hatten. So ging Balak zu den Ältesten der Midianiter und sie beratschlagten was zu tun sei, da das Grauen vor den Israeliten sie gepackt hatte.

Was tust du, wenn unvorhersehbare Situationen in dein Leben kommen? Wo suchst du Rat? Zu wem gehst du? Der König von Moab sandte Boten aus zu Bileam.

Sie hatten über ihn gehört, dass er segnen und auch verfluchen könnte. So wandten sie sich an ihn und fragten ihn, ob er das Volk, das aus Ägypten kam, verfluchen könne, so dass es wieder umkehrt. Stell´ dir vor: Da kommen Männer zu dir und sagen, du sollst gegen deine eigenen Leute beten... Denn die Menschen, die aus Ägypten kamen, waren Israeliten: Also das Volk Gottes! Wenn Bileam an Gott glaubte, dann war es ja auch sein  Volk. Bileam lud die Männer ein, bei ihm zu übernachten, weil er noch Zeit braucht um Gott zu fragen, ob er mit ihnen gehen solle...

Hättest du auch so gehandelt? Oder wäre dir sofort klar gewesen, dass es nicht richtig sein kann, ihre Bitte zu erfüllen? Auf jeden Fall blieben die Männer über Nacht bei Bileam. Gott sprach zu Bileam, dass er nicht mit ihnen gehen solle, weil das Volk Israel ein gesegnetes Volk sei! Also sagte Bileam den Männern am nächsten Morgen, dass er nicht mitkommen würde. Sie gingen also unverrichteter Dinge zurück .... Wusste Bileam vor Gottes Reden nicht, dass es Gottes Volk war? Auf jeden Fall hatte er es ihm jetzt mitgeteilt! Die Männer kamen zurück zu ihrem König und berichteten ihm. Der gab aber nicht auf und sandte nun Fürsten zu Bileam. Es waren bedeutsamere und vornehmere als die, die vorher bei ihm waren.

Lässt du dich blenden vom Auftreten und vom Aussehen von Menschen? Können sie dich beeinflussen? Wie reagierte Bileam dieses Mal? Bileam sagte erneut, dass die Fürsten bei ihm übernachten sollten und er erst Gott nach seinem Willen fragen wollte. Krass, oder? Hat sich denn irgendetwas an der Situation geändert? Der König hatte das gleiche Ziel, außer, dass er nun edlere Personen zu Bileam gesandt hat. Für uns ist es so wichtig, dass zu verstehen! Was hat das Auftreten oder Ansehen von Menschen mit deiner Entscheidung zu tun wie du handelst? Entscheidest du aufgrund der Optik über Gut und Böse? Man sagt ja, dass der erste Eindruck entscheidet. Ja, menschlich gesehen schon… Aber hatte Gott Bileam denn nicht gesagt, dass das Volk aus Ägypten gesegnet ist und dass er nicht mit den Männern gehen soll? In der Nacht sprach Gott erneut zu Bileam. Dieses Mal sagte er: „Geh morgen früh mit den Männern. Aber sage nur, was ich dir auftrage." Hatte Gott seine Meinung geändert? Eine spannende Frage, oder? Gott sagte: „Geh doch mit ihnen!" … Es gibt Momente in unserem Leben als Christ, da erwartet Gott, dass wir Entscheidungen treffen. Bileam fragte ihn zweimal dasselbe, obwohl sich an Gottes Haltung nichts geändert hatte. Nur die Boten, die zu Bileam kamen, waren unterschiedlich! Erkennst du etwas? Triff nie Entscheidungen aufgrund von äußerlichen Erscheinungen. Morgens brachen die Männer mit Bileam auf. Gott wurde darüber sehr zornig! Bileam ritt auf seiner Eselin, die ihm schon immer treue Dienste geleistet hatte. Die Männer besaßen sicherlich Pferde. Sie ritten also dem Volk Israel entgegen… Plötzlich sah die Eselin einen Engel Gottes mit einem gezückten Schwert in seiner Hand vor sich stehen! Sie wich aus und lief in ein Feld. Ich würde denken: Was ist mit dem Tier los?! Doch was tat Bileam? Er schlug auf die arme Eselin ein, um sie wieder auf den Weg zu bringen. Wenn dein Plan nicht so läuft, wie du denkst: Wirst du wütend oder darf Gott dich immer noch korrigieren? Sie ritten weiter und kamen zu den Weinbergen. An jeder Seite des Weges war eine Mauer. Da sah die Eselin wieder den Engel: Sicherlich erschrak sie! Sie drängte sich an die Wand einer Mauer und klemmte so Bileams Fuß ein. Daraufhin schlug er sie nur noch mehr. Da versperrte der Engel des Herrn den Weg an einer Stelle, an dem es keinen Platz zum Ausweichen mehr gab. Die Eselin fiel auf ihre Knie. Da entbrannte der Zorn Bileams und er schlug die Eselin heftig mit einem Stock. Was für ein sturer Esel! Wären das auch deine Gedanken in dieser Situation gewesen? Bei Gott ist alles möglich! Er öffnete daraufhin den Mund der Eselin, so dass sie reden konnte! „Was habe ich dir getan, dass du mich dreimal schlägst?" Bileam war sicherlich geschockt! Und doch antwortete er: „Du hast mit mir gemacht, was du wolltest! Hätte ich ein Schwert, so hätte ich dich jetzt umgebracht!" Die Eselin fragte ihren Herrn: „War ich dir nicht immer treu? Habe ich mich jemals vorher verhalten wie heute?" „Nein!" antwortete Bileam. Da öffnete Gott ihm die Augen und er konnte auch den Engel Gottes vor ihm stehen sehen mit dem Schwert in der Hand. Der Engel sprach: „Warum hast du die Eselin dreimal geschlagen? Wäre sie nicht gewesen, hätte ich dich umgebracht! Denn dein Weg führt ins Verderben! Geh nun mit den Männern und tue, was ich dir sage!" Bileam fiel auf seine Knie und bat um Vergebung. So ritten sie weiter … Schließlich segnete Bileam das Volk Gottes! Was für eine Geschichte, oder?

Was muss denn in unserm Leben alles passieren, damit wir auf Gott hören? Muss er erst einen Esel reden lassen? Wir wissen es eigentlich und der Heilige Geist erinnert uns auch daran. Aber trotzdem: Muss der Mensch immer erst vor eine Wand rennen, um zu verstehen?

In dieser Geschichte, die in der Bibel, im 4. Buch Mose, Kapitel 22 steht, sehen wir folgendes: Gott sagte „Nein" zu Bileam: „Geh nicht mit den Männern!" Vornehmere Personen oder vielleicht berühmte Menschen ließen ihn dann innerlich fragen: „Vielleicht will Gott doch, dass ich mitgehe. Wenn schon solch wichtigen Leute zu mir kommen?" Diese Situationen kennen wir bestimmt aus unserem Leben, nur in anderer Konstellation. Gott war doch klar in seiner Aussage! Warum sagte er denn eigentlich später: „Gehe mit ihnen!" Hatte er sich doch geändert oder verdrehte er vielleicht die Augen, nach dem Motto: „Habe ich dir nicht gesagt: Geh nicht!?" Es heißt auch, dass Gott zornig war, als Bileam mit den Männern loszog. Warum sagte Gott denn dann: „Geh doch…" Es machte ihn doch wütend! Passt das zusammen? Ja! Das tut es! Denn wenn wir es immer besser wissen als Gott, dann müssen wir auch die Konsequenzen für unser Handeln tragen. Gott gab nicht auf! Trotz der Entscheidung von Bileam, mit den Männern loszuziehen, sandte er einen Engel, um ihn zu bewahren und ihn doch noch auf dem richtigen Weg zu halten. Gott geht auch dir nach! Vielleicht ärgerst du dich manchmal, z.B. auch wenn du auf der Autobahn in einem Stau stehst. Ist es dann vielleicht auch Bewahrung? Ist es so, als ob Gott einen Esel geschickt hätte? Weißt du denn, was passieren würde, wenn du eher an deinem Ziel ankommst?

Diese Geschichte wird dir vielleicht noch nachgehen. Achte nicht nur auf den sprechenden Esel! Und sage nicht: „Das ist aber unmöglich!" Sondern frage dich: „Folge ich Gott nach? Lass ich mich von ihm auf meinem Weg korrigieren? Höre ich hin, bevor ich etwas unternehme?

Unterschwellig passieren diese Dinge in deinem Verstand und in deinem Herzen.

Muss denn erst ein Esel zu dir sprechen?

# Schottland, ich komme!

Wieder bin ich in Schottland. Nun neigt sich dieses Buch dem Ende zu und ich schreibe es hier zu Ende… Es ist ein Geschenk Gottes, dass er mir diese Liebe für dieses Land und auch für die Menschen, die hier leben, gegeben hat. Eine übernatürliche Liebe! In seinem Wort verspricht Gott ja auch, dass er uns sogar ganze Nationen schenken wird.

**Er wird die Völker uns unterwerfen**
**und die Nationen unter unsere Füße.**
**Psalm 47,4**

Ich wünsche mir viele Momente, in denen Gott mich mit seinen Augen sehen lässt. Momente, die vollkommen rein sind. Momente, die tiefer blicken lassen als sie das menschliche Auge es jemals erfassen könnte. Ein Adler schwebt in der Luft, er schwebt über den Dingen … Er lässt sich treiben und nutzt den Aufwind dazu, ganz ohne Anstrengung. Der Adler hat außerdem noch scharfes Sehvermögen. Er sieht selbst die kleinsten Tiere aus der

Höhe. Da ist der Adler uns Menschen weit voraus. Obwohl das so ist, ist es nur ein Bruchteil davon, wie der Geist Gottes sieht! Gott sieht doch in die Herzen aller Menschen. Er kennt ihre Gedanken, er kennt ihre Gefühle. Er kennt ihr Herz. Und er weiß, welche Sehnsüchte darin verborgen sind. Und er weiß auch, was uns hindert, ihn ganz zu verstehen. Es sind Verletzungen und es sind Unvergebenheiten, die sich im Laufe unseres Lebens in unseren Herzen eingenistet haben. Mit dem Herz ist hier aber nicht nur unser körperliches Organ gemeint, sondern es steht symbolisch für unsere Gefühle und Emotionen, unsere Gedanken und Entscheidungen und aber auch für unseren Glauben und unseren Charakter. Schottland! Wenn ich geschrieben habe, dass Gott mir dieses Land ganz besonders ans Herz gelegt hat, dann bedeutet es nicht, dass nur schöne Gefühle damit verbunden sind. Gott möchte, dass wir Eintreten für bestimmte Dinge und Situationen. Ja, sogar für ganze Nationen. Deshalb kann es sein, dass er nicht nur die schönen Dinge zeigt, die in meinem Fall in Schottland passieren. Er gibt uns eine Last! Eine Last, die er uns anvertraut, die in seinem Herzen ist! Für die er uns die Vollmacht gibt, sie im Gebet zu tragen. So, dass er diese Last heben kann!

**So sind wir nun Botschafter für Christus,**

**und zwar so, dass Gott selbst**

**durch uns ermahnt; so bitten wir nun**

**stellvertretend für Christus:**

**Lasst euch versöhnen mit Gott!**

**Denn er hat den, der von keiner Sünde wusste,**

**für uns zur Sünde gemacht, damit wir in ihm zur**

**Gerechtigkeit Gottes würden.**

**2.Korinther 5,20**

Botschafter für Jesus auf dieser Erde! Ich denke aber nicht nur in dieser Welt, nicht nur in der sichtbaren Welt, sondern auch in der realen, unsichtbaren Welt. Sie existiert und dämonische Mächte versuchen dort, Gottes Pläne zu stören. Was ist dein Land? Was ist deine Nation? Es muss kein Ort sein, es kann auch eine Sache sein. Wofür brennt dein Herz? Wo möchte Gott, dass Du stellvertretend für Christus als Botschafter des Königreichs Gottes in dieser Welt eintrittst?

**Glaubt ihr nicht,**

**wenn ich euch von irdischen Dingen sage,**

**wie werdet ihr glauben, wenn ich euch**

**von den himmlischen Dingen  sagen werde?**

**Johannes 3,12**

Jesus redet in dieser Bibelstelle mit Nikodemus, einem Pharisäer, der Jesus aber heimlich nachfolgte und ihn nachts besuchte. Jesus sagte ihm eigentlich:" Warum soll ich euch denn von den Himmlischen Dingen erzählen, wenn ihr die Dinge, die auf der Erde passieren, nicht versteht?" Die Pharisäer und Schriftgelehrten kannten damals Gottes Wort. Sie hatten aber ihr Herz vor Gottes Liebe verschlossen. Sie hatten eine falsche Motivation und haben rational geglaubt - So will ich das mal nennen. Ja, vieles ist in dieser Welt völlig unklar. Über viele Dinge, die passieren fehlt uns der Einblick und auch der Überblick. Du siehst die Dinge, die sich vor deinen Augen abspielen. Schwarz oder weiß? So ist es doch manchmal. Und dann haben wir auch eine feste Meinung dazu und einen festen Standpunkt! Grauzonen sind uns da schon sehr suspekt! Dabei steckt hinter allen Geschehnissen um uns herum so viel mehr.

Es gibt Dinge, die der Heilige Geist uns aufschließen möchte. Aufschließen in unserem Herzen. So, als ob da ein Schloss wäre und Gott schließt auf. Wie eine Schatzkammer in deinem Herzen. Die Tür der Schatzkammer geht auf und ein helles Licht durchflutet dein ganzes Herz. Ein helles Licht voller Wärme und Liebe. Eine Liebe für die ganze Schöpfung Gottes! Du bekommst darin eine klare Erkenntnis mit wieviel Liebe Gott jedes kleinste Detail berücksichtigt hat. Du spürst es einfach, es ist alles so klar! Jesus sagt zu Nikodemus und auch zu uns heute, dass wir nicht erst alles Irdische verstehen müssen, bevor wir uns dann langsam an das Himmlische herantrauen können. Eigentlich fordert er uns dazu auf, dass wir uns ausstrecken sollen nach den verborgenen Schätzen. Dann werden wir auch alles andere verstehen! Allerdings ist unser Herz nicht immer geschützt. Zum Beispiel, wenn Menschen dich verletzen, ob bewusst oder unbewusst. Oder wenn du Menschen verletzt. Auch hier kann es unabsichtlich sein. Du bist darauf nicht vorbereitet, es passiert einfach in deinem Alltag. Vielleicht kommst du ins Grübeln, ob du etwas falsch gemacht hast… Das ist positiv, weil der Heilige Geist dich aufmerksam machen möchte. Gott hat uns Menschen mit Empathie ausgestattet, aber manchmal sind wir in unserer eigenen Welt, so als ob wir Scheuklappen aufhaben wie die Pferde bei einem Pferderennen. Sie stehen nebeneinander und durch die Scheuklappen sehen sie nur nach vorne und haben keine Sicht mehr für das, was rechts und links passiert. Kein Mensch auf dieser Welt reagiert immer richtig: Du nicht und ich auch nicht. Jedoch bleibt deine Identität immer so, wie Gott dich sieht! In diesen Momenten ist es besonders wichtig, dass wir die hellgeflutete Schatzkammer unseres Herzens nicht wieder schließen und danach den Schlüssel weit wegwerfen... Das möchte doch nur der „Ankläger der Brüder", wie der Satan auch genannt wird. Wichtig ist nun, dass wir die Waffenrüstung Gottes anziehen. Ich habe das in dem Kapitel „Gottes Arbeiter" beschrieben. Lass bitte nie zu, dass unvorhersehbare Situationen dich dazu bringen, dass du sagst:

„Ich habe keinen Nerv mehr!" Gottes Verheißungen für dein Leben bleiben! Sie ändern sich doch nicht nach unserer Gefühlslage. Das Licht in der Schatzkammer deines Herzens ist Gott selbst! Es ist ein ewiges Licht, wo keine Dunkelheit überleben kann! Strecke dich aus nach dem, was Gott für dich vorbereitet hat.

Schließe bitte einen Moment deine Augen und stell dir die Tür vor, bei der das Wasser unter der Schwelle herausläuft... Ganz unterschwellig entsteht alles! Unscheinbar, vielleicht lange unbemerkt... Aber wirkend!

Gott liebt dich, lieber Leser dieses Buches!

Ich wünsche dir Gottes Segen!

# Fragen zur Vertiefung

## Kapitel: Ein reines Herz

Im Kapitel 12, Vers 7 aus dem Buch 2.Samuel begreift David die Situation erst, nachdem der Prophet Nathan ihm eine Geschichte erzählt: David erkennt darin Ungerechtigkeit und fordert Gerechtigkeit für einen armen Mann. Kennst du das aus deinem Leben? Du glaubst genau zu wissen, wie man sich in verschiedenen Bereichen zu verhalten hätte... Du erkennst es bei anderen.

1.    Sprichst du es direkt an wenn dir bei einer Person ein Fehlverhalten auffällt?

2.    Gilt dieses Empfinden für Gerechtigkeit auch für unsere eigenen Taten in unserem Leben?

3.    Erkennst du Situationen in deinem eigenen Leben wo du genau weißt, was zu tun wäre? Hat es Konsequenzen wenn du es nicht angehst?

**Kapitel: Der Fischfang**

Dein Netz kommt immer leer zu dir zurück, vielleicht schon über eine längere Zeit. Es ist vielleicht sehr frustrierend. Was unternimmst du?


1.     Wofür können die leeren Netze in deinem Leben, in deiner persönlichen Situation stehen?

2.     Versuchst du noch immer, deine Netze nach deiner Methode und mit deiner eigenen Kraft auszuwerfen?

3.     Darf Gott dich korrigieren? Lässt du es zu, dass er dir sagt, was du ändern sollst, damit deine Netze voll zurückkommen?

4.     Jesus hat öfter zu den Menschen gesagt: "Was willst du, dass ich dir tun soll?" Was sagt dein Herz? Dieses könnten deine Fische sein!

# Kapitel: Gottes Arbeiter

Das tägliche Sterben ist eine Voraussetzung als Christ, um wirklich in das hineinzukommen, was Gott für dich vorbereitet hat. Paulus beschreibt in dem Brief an die Epheser die Waffenrüstung Gottes. Es ist ein Brief an die christliche Gemeinde in der Stadt Ephesus. Das Prinzip der geistlichen Kampfführung ist für uns heute genauso wichtig.

1. Tägliches Sterben: Wie praktizierst du das und was muss sterben bei dir? Wie gelingt dir das?

2. Fehlt dir etwas an der Waffenrüstung oder ist sie komplett?

3. Ziehst du deine Rüstung abends aus, wenn du schlafen gehst?

## Kapitel: Unter der Schwelle

Wenn das Wasser steigt und du den Boden unter deinen Füßen verlierst, dann schwindet deine Kontrolle. Es ist so, als ob du die Kontrolle verlierst.


1.	Macht es dir Angst? Lebst du in diesem Zustand oder sagst du: „Ein bisschen Kontrolle wäre mir schon ganz lieb!?"

2.	Viele Dinge geschehen unbemerkt, aber sie wirken. Dieses unterschwellige Prinzip: Freut dich das, zu sehen, was Gott in deinem Leben tut? Oder bremst du es eher aus? Gott lässt dir die Wahl. Das ist sein Verständnis von Liebe!

3.	Träume sind symbolisch zu verstehen. Es können auch Gleichnisse sein mit einer tiefen Botschaft. Gehst du ihnen nach, schreibst du sie auf und sprichst du mit Gott darüber?

## Kapitel: Butterfly

Ein Schmetterling entsteht aus einer Raupe. Ich denke nicht, dass die Raupe ahnt, was aus ihr eines Tages wird. Sie wird ein Schmetterling sein! Körperlich wird die Raupe immer schwächer, aber Gott verändert sie zu etwas Wunderschönem!

1.	Wenn du wüsstest, was Gott aus dir machen wird: Würde es dich motivieren, dem nachzugehen…?

2.	Gott hat in seinem Wort sehr viele Verheißungen für dich! Welche Verheißungen kennst du?

3.	Wenn alles schlecht läuft: Was ist mit deinen Verheißungen und mit deiner Identität?

-	Bleiben deine Verheißungen für dein Leben?

-	Nimmt Gott sie dir weg?

-	Deine Identität, hat sie sich verändert?

## Kapitel: Versprechen im Zerbruch

1.      Gibst du schnell auf, wenn es nicht so läuft wie du es dir erhofft hast?

2.      Hat Gott nur einfache und bequeme Aufgaben für dich?

3.      Paulus schreibt von einem Stachel im Fleisch. Gott nahm ihm den nicht weg, sondern sagte: „Lass dir an meiner Gnade genügen!" War Paulus eine Ausnahme?

-      Was ist dein Stachel? Es muss kein Stachel im wörtlichen Sinn sein!

-      Ist es vielleicht eine Angewohnheit? Ist es etwas in deinem Charakter? Ist es eine Krankheit?

-      Denkst du auch, dass Gott dich demütiger macht, indem er es dir nicht wegnimmt?

# Kapitel: Loslassen

Loslassen ist ein Prozess! Wenn du etwas loslassen möchtest, musst du es vorher festgehalten haben.

1.	Gibt es etwas, dass du loslassen möchtest, aber aus deiner eigenen Kraft?

2.	Gibt es Dinge, die du loslassen möchtest, aber es gelingt dir nicht?

3.	Gott stellt uns Menschen zur Seite, die uns unterstützen und begleiten wollen. Kennst du diese Menschen?

## Kapitel: Der neue Bund

Der neue Bund ist ein einseitiger Bund, den Gott mit seinen Menschen eingegangen ist. Er ist nicht mehr abhängig von der Treue der Menschen zu Gott. Es ist ein Bund, der nur durch Jesu Blut möglich war. Wir haben den direkten Weg zum Vater erhalten.

1.  Was macht das mit dir? Überwiegt der Dank darüber oder versuchst du, aus eigenen Werken irgendetwas davon zurückzuzahlen?

2.  Am Beispiel Josua und Kaleb sehen wir, dass er der Einzige der Erkunder war, der nicht nur die Schwierigkeiten und Herausforderungen sah, sondern die Chance! Bist du wie Kaleb?

## Kapitel: Muss erst der Esel zu dir sprechen?

1.      Bileam gilt als negatives Beispiel im Neuen Testament. Er wird mit dem Beginn der Irrlehren angeführt. Gott benutzte ihn doch, damit sein Volk am Ende den Segen bekam! Was war der Grund?

2.      Wir lesen, dass Bileam mit den Männern ging, obwohl Gott beim ersten Mal schon sagte: „Geh nicht mit den Männern!" Vornehmere und bedeutendere Männer kamen und Bileam fragte Gott erneut… Lässt du dich von Menschen beeinflussen? Oder bleibst du bei dem, was Gott sagt?

3.      Was muss passieren, damit wir Gottes Anweisungen umsetzen? Er sprach selbst durch einen Esel zu Bileam. Muss erst der Esel zu dir reden?

## Kapitel: Schottland, ich komme!

1.	Was ist dein ganz persönliches Schottland? Was hat Gott in dein Herz gelegt? Wofür brennt es?

2.	."Mehr als alles andere behüte dein Herz!" heißt es in dem Buch der Sprüche. Achtest du auf dein Herz?

-	Wie schützt du dein Herz? Wie sieht die praktische Umsetzung aus?

# Notizen

# Notizen